Kurt Schreiner

Erlebnis
zwischen Köln und Bonn

111 Ausflugstipps für die ganze Familie

W0086344

Kurt Schreiner

Erlebnis
zwischen
Köln und Bonn

111
Ausflugstipps
für die
ganze Familie

J.P. Bachem Verlag

Titelabbildung: Kurt Schreiner, Köln-Sürth

Alle Abbildungen: Kurt Schreiner, außer:
S. 21, 67, Fotograf unbekannt, 1926
S. 30, Archiv Stadtkonsevator Köln
S. 33, Siebengebirgsmuseum, Königswinter, Reproduktion: Kurt Schreiner
S. 42, Archiv Fa. Leybold, um 1892
S. 79, Dietmar Putscher, Köln-Sürth
S. 98, Heinz Bursch, Bornheim-Roisdorf
S. 126, Daniela Hartmann-Scheuchl, Bechen

Für Renate

Bibliografische Information Der Deutschen Bibliothek
Die Deutsche Bibliothek verzeichnet diese Publikation in der Deutschen
Nationalbibliografie; detaillierte bibliografische Daten sind im Internet
über **http://dnb.ddb.de** abrufbar.

2. Auflage 2007
© J. P. Bachem Verlag, Köln
Lektorat: Frauke Severit, Köln
Umschlag, Satz und Innenlayout: Barbara Meisner, Düsseldorf
Reproduktionen: Reprowerkstatt Wargalla, Köln
Druck: Grafisches Centrum Cuno, Calbe
Printed in Germany
ISBN 978-3-7616-2074-8

www.bachem.de

INHALT

3. Weiß/Sürth/Godorf/Rondorf/Meschenich/Immendorf

4. Wesseling

5. Bornheim

6. Alfter

Der Kölner Süden

FREIZEITSPASS ZWISCHEN KÖLN UND BONN

„Warum in die Ferne schweifen, wenn das Gute liegt so nah?" Die Sonntagsfahrt mit den Kindern „ins Blaue" einmal ohne Staus auf den Straßen, ohne lange Parkplatzsuche, ohne überfüllte Ausflugslokale erleben. Man muss nicht weit fahren: Auch in der unmittelbaren Nachbarschaft, in der Region beiderseits des Rheins, zwischen den beiden Städten Köln und Bonn liegen schöne, zum Teil wenig bekannte Ausflugsziele.

Aber vor allem Deutschlands größter Strom, der Rhein, verspricht zu jeder Tages- und Jahreszeit spannende Freizeit-Erlebnisse. Unentwegt tuckern die Lastkähne gemächlich rheinaufwärts, ziehen die Personendampfschiffe der „Weißen Flotte" vorbei und – dichter am Ufer – unter Musikklängen kleine Ausflugsschiffe mit fröhlichen Menschen an Bord. Motorboote flitzen durch die Wogen, und Ruderboote bewegen sich gegen den in Ufernähe trägen Strom, Angler hocken am Flussufer. Der Rhein bietet interessante, abwechslungsreiche Erlebnisse, die auch Kinder aufregend finden.

Zu Fuß oder mit dem Fahrrad kann man links und rechts des Rheins auf dem autofreien Asphaltweg des alten geschichtsträchtigen Leinpfades bummeln oder radeln und das Ufer mit einer Rhein-Fähre wechseln. Die Rheinauen mit ihren Wiesen und Freizeitanlagen, die sandigen Buchten, die am Ufer vertäuten Bootshäuser und die Rheinterrassen laden zum

Rasten und Sonnen ein. Und auf den aufgeführten Spiel- und Minigolf-plätzen können die Kinder sich austoben.

Die beiden Großstädte Köln und Bonn und alle Orte, die zwischen ihnen an der „Rheinschiene" liegen, können als Ausgangspunkte für die Ausflüge dienen. Die beschriebenen Routen führen zu idyllischen Wasser-burgen, zu alten Kirchen, zu kunstvollen Fachwerkhäusern, zu verträum-ten Dörfern im „buure" Land des Vorgebirges am Hang der Ville, zu land-schaftlich besonders reizvollen Stellen oder zu regionalen Veranstaltun-gen ...

Das Buch richtet sich an jeden, der seinen heimatlichen Lebensraum ohne nennenswerten Kosten- und Zeitaufwand noch genauer kennen ler-nen möchte: Es dient Familien mit Kindern, Städtern, die einen Tagesaus-flug planen oder nur einen sonntäglichen Nachmittag für einen Spazier-gang oder als unerschöpflicher Ratgeber: Wussten Sie zum Beispiel, dass das Grab des Kölner Schriftstellers und Nobelpreisträgers Heinrich Böll auf dem kleinen Friedhof von Bornheim-Merten liegt?

Das weiteste Ziel liegt bei Bonn, nur rund 20 km von Köln entfernt und ist bequem mit dem eigenen PKW oder dem Fahrrad zu erreichen. Links-rheinisch verbinden zwei S-Bahn-Linien die meisten Ortschaften bis Bonn. Oder man gönnt sich das Vergnügen, mit dem Ausflugdampfer ein Stück des Rheins zu befahren. Neben der Anreisebeschreibung fürs Auto befin-den sich in den Ortsbeschreibungen auch Hinweise zu Zug- und Schiffs-verbindungen. Ein eigenes Kapitel ist dem Radwandern gewidmet: Es um-fasst genaue Angaben über die Fahrradstrecke Köln-Bonn links und rechts des Rheins. Über die beschriebenen Sehenswürdigkeiten und Freizeitan-gebote der Region hinaus enthält das Buch viele praktische Tipps wie ge-naue Öffnungszeiten und wichtige Adressen. Es erzählt Geschichten und Legenden, erläutert geschichtliche, geografische und kunsthistorische Hintergründe. Ein Glossar informiert über häufig genannte Fachbegriffe.

Ich selbst lebe seit über 30 Jahren im Kölner Süden, war dort Lehrer an einer Schule und kenne die Region durch zahllose Rad- und Wander-touren mit und ohne Kinder. Machen Sie Ihre Kurzausflüge zu den schöns-ten Ausflugszielen in der Rhein-Region zwischen Köln und Bonn zu ganz besonderen Erlebnissen!

Das wünscht Ihnen ganz herzlich, Ihr **Kurt Schreiner**

Der
Rhein
zwischen Köln und Bonn

„ICH HABE EINFACH AM RHEIN GESESSEN …" (HEINRICH BÖLL)

Deutschlands größter und wasserreichster Fluss übt auf Spaziergänger und Radfahrer eine enorme Anziehungskraft aus. Ein Reiz liegt in der Weite und der Offenheit des Himmels, der den lang gestreckten Horizont des anderen Ufers überspannt. Man fühlt sich verstärkt einbezogen in das natürliche Wechselspiel der Tages- und Jahreszeitenabläufe. Mal sind es die besonderen Lichtverhältnisse, mal die geheimnisvollen Morgendunst-Schleier über dem Wasser, und zuweilen vermittelt ein azurblauer Himmel ein wenig Mittelmeerflair.

Lastkähne mit fantasievollen Namen am Bug und fremden Flaggen am Heck tuckern gemächlich gegen den Strom und entfesseln am Ufer eine unruhige Dünung. Die Schiffe der „Weißen Flotte" ziehen vorbei mit winkenden Menschen auf dem Oberdeck und dichter am Ufer die kleineren Ausflugsschiffe mit lauten Musikklängen. Die Motorboote wagen riskante Manöver in den Heckwellen der großen Schwestern, weiße Wasserfontänen hinter sich her ziehend. Elegant bewegen sich die schnittigen Ruderboote gegen den in Ufernähe trägen Strom. Und Paddler lassen sich mit der starken Strömung in der Flussmitte treiben. Ruhebänke am Leinpfad,

▶ Einfach am Rhein sitzen und schauen …

Wiesen, Kribben oder sandige Buchten unter schattigem Pappelgeäst laden ein zum Rasten, Picknicken oder zu bloßem Schauen. Das hatte schon den Kölner Schriftsteller und Nobelpreisträger Heinrich Böll 1977 im Rückblick auf seine Jugend zu dem Ausspruch bewogen: „Ich habe … einfach am Rhein gesessen, den Schiffen zugeguckt und dieses – sagen wir: das Weltoffene hat mich wahrscheinlich sehr beeindruckt und geprägt." Und wer auf der Sonnenterrasse eines der Bootshäuser sitzt, wird an die Seine-Motive französischer Impressionisten erinnert.

Dem Radwanderer begegnen auf seiner Fahrt entlang des Flusses vielfältige Landschaftseindrücke. Macht der Rhein eine Außenkurve, passiert er steile Hänge wie beim rechtsrheinischen Porz, wo die Bebauung bis an die Hochwassermauer reicht. Oder der Fahrradfahrer radelt in den Innenkurven über flache, sanft zum Fluss sich hinziehende Gleitufer wie im Weißer Bogen mit seinen weitläufigen, ausgedehnten Wiesengeländen, Ackerfluren und seiner abwechslungsreichen Auenlandschaft.

FRUCHTBARE LÖSSFLURE UND DÜRFTIGE HEIDEFLÄCHEN

Die Kölner Bucht mit den beiden Großstädten Köln und Bonn ist durch Einbrüche des Rheinischen Schiefergebirges entstanden. Sie weist in den Mittelterrassen beiderseits der Rheinebene zwei völlig unterschiedliche Landschaften auf.

Auf der linksrheinischen Mittelterrasse zieht sich in nordwestlicher Richtung der Höhenzug der Ville durch die Bucht (vom germanischen vele = Anhöhe), ein fast ebenes Plateau von 7 bis 14 km Breite. Der östliche Hang der Ville trägt die geografische Bezeichnung Vorgebirge. Den bogigen Verlauf des Hangs verdankt er der ehemaligen Uferlinie des alten Rheins. Dass der Boden des Vorgebirges zu den besten Deutschlands zählt und landwirtschaftlich intensiv genutzt werden kann, liegt an einer über 5 m dicken Löß- und Lehmschicht, die in der Eiszeit hier angeweht wurde.

Anders die rechtsrheinische Mittelterrasse: Hier fehlt die fruchtbare Lößdecke, stattdessen ist sie überlagert mit Flugsanden. Der ertragsarme Boden ist die Ursache dafür, dass die Region mit ausgedehnten Wald- und Heideflächen bedeckt ist und bis heute relativ unbesiedelt blieb.

An den Hängen des Vorgebirges bei Bornheim

ZWISCHEN DEN UFERN: BRÜCKEN UND FÄHREN

Flüsse markierten schon immer Grenzen zwischen Orten und Ländern. So stand das linke Rheinufer zu Beginn des 19. Jahrhunderts unter französischer Verwaltung, das rechte jedoch nicht. Das hatte zur Folge, dass man das „andere" Ufer lange als Fremde betrachtete. Der Begriff „Schäl Sick" für das Rechtsrheinische hat auch heute noch einen frotzelnden Beigeschmack. Der Fluss ist sowohl natürliche Grenzmarkierung als auch natürliches Hindernis. So liegen die rechtsrheinischen Orte zwar in Sichtweite vor unserer Nase, aber um mit dem Auto dorthin zu gelangen, müssen Brücken benutzt werden. Und da deren Bau und Unterhaltung kostspielig sind, wurden sie nur an verkehrstechnisch und wirtschaftlich bedeutsamen Stellen errichtet.

Die Stadt Köln verfügt über sieben Brückenübergänge, zwei davon liegen im Kölner Süden. Die Südbrücke dient als Eisenbahnbrücke, kann aber auch zu Fuß oder mit dem Rad genutzt werden. Für die Rodenkirchener Autobahnbrücke benötigt man mit dem PKW den weiten Anweg zur Autobahn. Der Rhein lässt sich über sie ebenfalls zu Fuß oder mit dem Rad überqueren. Auf der weiteren Rheinstrecke bis Bonn sind Brücken Fehlanzeige. Deshalb richtete man zwischen einigen links- und rechtsrheinischen Orten Fähren ein, die früher den unmotorisierten Menschen den Arbeitsweg verkürzten. Mit zunehmender Motorisierung ebbte aber das Interesse an den Fähren ab. Einige wurden deshalb eingestellt.

Erst die aufkommende Radtouristik schuf einen neuen Bedarf. So nahm im Kölner Süden der Fährmann Heiko Dietrich 1987 einen privaten Fährbetrieb zwischen Weiß und Zündorf auf. Die nächste Möglichkeit, die Ufer zu wechseln, besteht zwischen Wesseling und Niederkassel-Lülsdorf. Und wer den Bonner Norden als Ziel einer Radrundfahrt geplant

▲
Das „Krokodil" legt ab nach Zündorf

hat, der kann auf der Autofähre zwischen Graurheindorf und Monheim übersetzen, oder er fährt weiter bis zur Friedrich-Ebert-Brücke im Norden Bonns.

PETRI HEIL! FISCHEN UND ANGELN IM RHEIN

Bequem zurückgelehnt liegen sie in Campingstühlen am Rheinufer oder hocken auf den Kribben. Neben ihnen ragen meterlange Angelruten in den Himmel. Geduldig harren die „Jünger Petri" stundenlang aus und hoffen darauf, dass ein Fischlein anbeißt. Etwa 200 000 Sportangler am gesamten Rhein sollen es sein, die sich diesem Hobby hingeben und bei den Angelwettbewerben die begehrte Fischerkrone erringen wollen.

Bis Ende des 18. Jahrhunderts galt der Rhein als ein sehr fischreiches Gewässer und sogar als bester Lachsfluss Europas. Noch bis in die 60er Jahre des vergangenen Jahrhunderts verdienten sich Familien der Rheinanliegerorte mit der Fischerei ihren Lebensunterhalt. Mit Setz- und Schleppnetzen gingen sie zu Werke, Rheinsalme, Fluss-Neunauge, Maifische, Meerforellen, Karpfen und Hechte waren ihre Fangbeute. Bis die massive Schad- und Giftstoffbelastung des Rheins in den 1970er Jahren

▲
Mit Vati zum Angeln: Porzer Rheinufer

▶ Angler am Sürther Bootshaus

fast völlig zum Aussterben der Fische führte. Das war das Ende des Fischereigewerbes. Durch neue Vorgaben des Gesetzgebers und wirksame Gewässerschutzmaßnahmen hat sich inzwischen die Wasserqualität deutlich verbessert. Der Sauerstoffgehalt ist angestiegen, und die Artenzahl der Kleintiere wie Muscheln, Schnecken und Krebse hat zugenommen. Und seit 1990 steigen auch wieder Lachse aus der Nordsee über den Rhein in die Sieg auf.

Die geangelten Fische können heute wieder vom Angelhaken in die Pfanne wandern. Allerdings müssen gesetzliche Vorgaben eingehalten werden. So ist für jede Fischart zum Angeln nur eine bestimmte vorgegebene Mindestgröße erlaubt. Zappelt ein kleinerer Fisch am Angelhaken, muss er schonend gelöst und zurück ins Wasser gelassen werden.

Heute leben etwa 45 Fischarten im Rhein. Angler berichten, dass sie sogar Edelfische wie Karpfen und Forellen aus dem Rhein ziehen. Den Hauptanteil machen jedoch die anspruchslosen Weißfische aus, wie Rotaugen, Brassen, Güster, Barben und Barsche. Aber auch Raubfische wie Hecht, Zander und Rapfen zappeln hin und wieder am Haken.

Bootshäuser: die schwimmenden Ausflugslokale auf dem Rhein

Die sechs schwimmenden Restaurants am linksrheinischen Ufer des Kölner Südens werden von den Dom-Städtern als ganz besondere Ausflugsziele geschätzt. Zwischen Autobahnbrücke und „Treppchen" liegen sie sicher mit Eisenketten und Stahltrossen vertäut und durch Stege mit dem Rodenkirchener Leinpfad verbunden. Der Besucher eines „schwimmenden Restaurants" spürt wie auf einem fahrenden Schiff auf Deck oder im Schiffsinnern den Wellengang des Wassers. Die dicht vor seinen Augen vorbeiziehenden Lastkähne verstärken den irreführenden Eindruck, das Bootshaus bewege sich auf dem Rhein fort. Und wenn ein schweres Schubschiff in Steinwurfnähe vorbeirauscht, kann das Bootshaus gehörig schlingern. Wehe dem, der anfällig für Seekrankheit ist!

Alle Restaurants haben ihr eigenes Flair und Publikum. Als nördlichstes das „Marienburger Bootshaus", danach folgt das „Rhein-Roxy", schräg unterhalb der Brücke liegt die weiß-rot gestreifte „Alte Liebe", schon in Nähe des „Kapellchens" das „Albatros" und als letztes in der Kette das „Rodenkirchener Bootshaus". Ein gutes Stück Wegs auf dem Leinpfad muss man zurücklegen, um das urige „Sürther Bootshaus" aufzusuchen. An schönen Sommertagen wird es eng auf den Bootsplanken. Denn neben Spaziergängern sind es auch die Radfahrer und Skater, die sich auf den schwimmenden Terrassen eine Pause gönnen.

Früher dienten die Bootshäuser zu völlig anderen Zwecken. Einige lagerten Proviant und verteilten ihn an die vorbeikommenden Rheinschiffe. Das Sürther Bootshaus diente zeitweise als Poststation für die Schiffer. Eine häufige Aufgabe besteht auch heute noch in der Bewirtschaftung der angegliederten Jachthäfen.

Heute sind sie eine Attraktion im Kölner Süden. Familienausflügler und einheimische Stammgäste genießen die „Beinahe-Rheinfahrt" bei einem Glas Kölsch, einem Becher Eis oder einem Stück Sahnekuchen. Den Panorama-Blick auf den Strom gibt es gratis dazu.

„ICH HAB' DEN VATER RHEIN IN SEINEM BETT GESEH'N ..."

Nicht nur die Autofahrer können ihre Fahrtstrecken auf Schildern ablesen, auch für die Rheinschiffer gibt es Kilometer-Tafeln am Ufer. Das Zählen beginnt an der Rheinbrücke in Konstanz, da hat der Rhein von seinen Quellen bereits 296 km zurückgelegt. Mit Stromkilometer 1030 endet der Fluss bei Hoek van Holland. An der Fähranlegestelle in Niederkassel-

▶ Kanadische Wildgänse: Fähranleger in Mondorf

▶ Marienburger Bootshaus

▶ Bootshaus Rhein-Roxy

▶ Bootshaus Alte Liebe

▶ Bootshaus Albatros

▶ Rodenkirchener Bootshaus

▶ Sürther Bootshaus

Mondorf sind es 660, und am Ufer der Kölner Altstadt 688 km, die der Rhein von Konstanz aus zurückgelegt hat. Die auf den Radwegen längs des Rheins gefahrenen Kilometer sind mit kleinen Zugaben identisch.

Bis zum Jahr 1817 durfte Vater Rhein sein Bett und seine Uferlinien gestalten wie es ihm gerade passte. Sandaufspülungen, Kiesbetten und Inseln gehörten zum Bild der Rheinlandschaft. Dann aber begann man ihn als Schifffahrtsstraße auszubauen und seine Ufer zu befestigen. Viele Rheininseln wurden durch Aufschüttungen zu Halbinseln und die so gewonnenen Buchten zu Häfen ausgebaut.

Dass die Industrie, vor allem die chemische wie im Kölner Süden, sich bevorzugt an den Ufern des Rheins niederließ, hat einfache Gründe. Auf der Wasserstraße lassen sich die Rohstoffe transportieren. Der Rhein liefert Kühl- und Brauchwasser und dient zum Entsorgen der Abwässer. Die Nutzung des heute am stärksten und am vielfältigsten frequentierten Stroms Europas hat bereits mit den Römern angefangen, die ihn mit den ersten Frachtschiffen zur Handelstraße machten. Auch die Flößerei mit Holz begann zu jener Zeit. Seit dem Mittelalter wurden Kähne zum Treideln eingesetzt: Pferdegespanne zogen vom Leinpfad aus die Kähne rheinaufwärts. Die seit 1820 eingesetzten Dampfschiffe verdrängten die Treidelschifffahrt auf dem Rhein.

WENN DER RHEIN ÜBERLÄUFT ...

Die schrecklichen Fernsehbilder von der Überschwemmungskatastrophe in Deutschlands Osten sind uns noch in Erinnerung. Die Menschen aus den Rheinanliegerorten konnten das Drama aus eigenen leidvollen Erfahrungen gut nachvollziehen, denn Vater Rhein stieg in der jüngeren Vergangenheit auch schon einige Male aus seinem Bett, wurde breit wie ein Meer, überflutete Straßen und drang in Keller und Wohnungen ein. Nach starken Regenfällen, manchmal verbunden mit der Schneeschmelze in den Bergen, steigt der Wasserstandspegel des Rheins bedrohlich an. Dann versammeln sich Anwohner und Schaulustige am Ufer, wo Hochwasserschilder die vertrauten Wege versperren.

▶ Hochwassermarken am „Kapellchen"

▶ Jahrhundert-Hochwasser 1926: Rodenkirchener Hauptstraße

Die Anwohner verfolgen voller Sorge die Meldungen der Hochwasserstände: Kommt da noch mehr? Gemessen wird der Hochwasserstand nach einem willkürlich festgelegten Null-Meter-Bezugspunkt am Kölner Pegel (KP) in der Altstadt. Gegenüber dem internationalen „Normal-Null"-Bezug (NN) liegt die Kölner Null-Meter-Marke auf 34,98 m über NN. Die Pegelstände geben nicht – wie meist irrtümlich angenommen wird – die Wassertiefe des Rheins an dieser Stelle an. Denn selbst beim Pegelstand von 0 m KP können kleinere Schiffe noch fahren; sie dienen in erster Linie als Orientierungsfaktor für die Rheinschifffahrt. Der mittlere Kölner Rheinwasserstand beträgt übrigens 3,50 m. Beim so genannten „Jahrhundert-Hochwasser" am 1. Januar 1926 erreichte der Pegelstand in Köln 10,69 m KP. Diese Rekordmarke wurde 1995 eingestellt, nachdem sie bereits zwei Jahre zuvor mit 10,63 m nur 6 cm unter den Höchstmarken von 1926 und 1995 blieb.

Im Kölner Süden würde der Pegelstand von 6 m KP für Teile des Leinpfades schon „Land unter" bedeuten. Und bei 7,80 m KP begann im Rodenkirchener Auenviertel die Überflutung der Uferstraße. Die widrigen Erfahrungen der Vergangenheit haben dazu geführt, dass Privatinitiativen und Verwaltungen sich verstärkt um den Hochwasserschutz bemühen. Die Rheinanwohner können aufatmen. Seit 2004 wurde damit begonnen, die Stadt bis zu einem Pegelstand von 11,30 m zu schützen. Bis zum Jahre 2008 sollen vorhandene Schutzanlagen erhöht und weitere Schutztore und -wände sowie Deiche und mobile Elemente errichtet werden. Die Schutzwände an der Rodenkirchener Uferstraße und in Porz-Zündorf wurden bis 2006 bereits fertig gestellt, ebenso ein Teilstück in Sürth. Für die in den Jahren 2007/08 geplante Schutzmauer am Weißer Rheinufer wird der Weißer Leinpfad in seiner ganzen Länge gesperrt.

Eine andere wichtige Maßnahme ist die Renaturierung der Westhovener Aue. Und die geplante Rententionsfläche zwischen Porz-Langel und Niederkassel soll künftig 5 Mio. m^3 Rheinwasser aufnehmen können. Aber man ist sich auch darüber im Klaren, dass das gesamte Anrainerpotential des Rheins und seiner Nebenflüsse in die Hochwasserbekämpfung mit einbezogen werden muss. Zu dem Ziel, mehr Rückhalteflächen längs der Flüsse zu schaffen oder wiederzubeleben, gehört auch, die Ackerfluren der Bach- und Flussauen stärker in Grünland und Wald umzuwandeln.

Für Radfahrer des Leinpfads ein Hinweis: Nach einem Hochwasser hinterlässt der Rhein im Uferbereich ein mittleres Chaos – der Fuß- und Radweg wird dann für einige Zeit zum Hindernisparcours.

WASSERTÜRME SIND DIE ORIGINELLEN ZEITZEUGEN DES 19. JAHRHUNDERTS

Immer schon suchten die Menschen nach praktikablen Möglichkeiten, Wasser zu speichern. Einer besonderen Form von Wasserspeichern begegnen wir manchmal außerhalb von Orten und oft auf Anhöhen: den Wassertürmen. Auch an Eisenbahnlinien gibt es sie noch, sie dienten einmal den inzwischen verschrotteten Dampfloks zum Auffüllen ihrer Wassertanks.

Allen gemeinsam ist, dass ein stabil gemauerter Turm oben einen Wasserbehälter trägt, der eine möglichst große Menge Wasser aufnehmen kann. Das Nutzwasser fließt über Versorgungsleitungen aus großer Höhe in die Häuser oder Fabriken. Daher „boomte" zur Zeit der Industrialisierung im 19. Jahrhundert der Bau der Wassertürme. Die Wasserbehälter müssen hoch liegen, da nur dann ein gleichmäßiger Druck für den Wasserabfluss in den angeschlossenen Versorgungsleitungen entsteht.

Heute ist das längst Nostalgie, Pumpen und Pumpwerke haben die Funktion der Wassertürme übernommen. Sie haben dadurch ihre Daseinsberechtigung verloren und sind mancherorts auch schon dem Verfall preisgegeben. Denkmalschutz und pfiffige Bau-Investoren sanieren besonders schöne und ausgefallene Exemplare. So ist in den Berzdorfer Wasserturm ein Restaurant eingezogen und in den Wassertürmen von Brenig und Rösberg leben Privatleute, die viel Sinn für originelles Wohnen beweisen.

Wasserturm in Bornheim-Brenig

Wasserturm in Wesseling-Berzdorf

Wasserturm in Alfter-Oedekoven

Wasserturm in Bornheim-Rösberg

1. Bayenthal/ Marienburg

Die zwei südlichen Stadtteile gehören ebenso wie ihre Nachbarn Raderberg, Raderthal und Zollstock seit 1888 zu Köln. Im Jahre 1975 wurden sie in den neu geschaffenen Stadtbezirk 2 Roden- kirchen eingegliedert. In Raderberg und Bayenthal siedelten sich gegen Ende des 19. Jahrhunderts Industriebetriebe an, in deren Folge eine Reihe Arbeitersiedlungen errichtet wurden.

Bis 2006 lockte vor allem der große Biergarten einer Brauerei mit sonntäglicher Livemusik die Kölner nach Bayenthal. Die gegen Ende des 19. Jahrhunderts aufkommende Industrie ließ ein neues reiches Großbürgertum entstehen. Diesen neuen „Geldadel" ver- langte es nach repräsentativen Landhäusern. Es wuchs die ge- schlossene Villenkolonie Marienburg, die auch heute noch zu den bedeutendsten in Deutschland zählt. Der älteste Teil Marienburgs liegt auf den Fundamenten eines römischen Flottenkastells und bei den Resten einer Mühle aus dem 18. Jahrhundert an der Alte- burger Straße.

Brunnen am Eingang zur Villa Marienburg ▼

DER FRIEDENSPARK UND EIN FLIEGENDER REICHSADLER

ANFAHRT:
Mit dem Auto: Von der Uferstraße (Agrippinaufer) stadtauswärts nach rechts in den Ober-
länder Wall einbiegen. Der Friedenspark liegt links der Straße.
Mit der Bahn: Stadtbahnlinie 16 bis Ubierring.

Eine der in so genannte „Grüne Forts" umfunk-
tionierten ehemaligen militärischen Anlagen liegt
am Agrippinaufer nördlich der Südbrücke. Das Fort I
wurde 1830 errichtet und nach Aufgabe des Befestigungsrings in den Hindenburgpark umgewandelt;
heute trägt er die Bezeichnung Friedenspark. Die
vorhandenen früheren Wälle und Gräben wurden in
die Gestaltung der Anlage mit einbezogen. Das trut-
zige Kernwerk im Zentrum der ehemaligen Festung
diente einmal als Mensa für die benachbarte alte
Universität. Schon von weitem entdeckt man eine
Steele auf dem Dach des Rundbaus, auf deren Spitze die Skulptur eines fliegenden Adlers schwebt.
Sie ist Teil einer Kriegergedächtnisstätte für die
Gefallenen des Ersten Weltkrieges. Im Gelände süd-

Abenteuer im Friedenspark

lich der Stätte können sich die Kinder auf einem tollen
Abenteuerspielplatz austoben, der noch wirklich abenteuerlich ist.

Der kleine Friedenspark wird im Süden begrenzt von der Bahnlinie,
die über die Eisenbahnbrücke führt. Sie ist ausschließlich für den Güterverkehr vorgesehen. Beidseitig können Fußgänger und Radfahrer über
die Brücke das Rheinufer wechseln. Die klotzig wirkenden Sockel der
Brückenpfeiler dienten der „Festung Köln" als Verteidigungsanlage, man
erkennt dies noch deutlich an den schießschartenartigen Öffnungen.

BISMARCK UND DIE FABRIKANTENVILLEN
AM BAYENTHALER RHEINUFER

ANFAHRT:
Mit dem Auto: Von Köln über die Gürtel bis zum Ende des Bayenthalgürtels. Oder über die
Rheinuferstraße bis Gustav-Heinemann-Ufer. Parkplätze nur am Straßenrand in der Gegend
des Bismarck-Denkmals.
Mit Bahn und Bus: Stadtbahnlinie 16 oder mit Bus-Linie 130 bis Bayenthalgürtel.

Flackernde Fackeln beleuchten gespenstig die imposante Bismarck-
Säule. Oben auf der Spitze lodert in einer Schale ein Feuer, Burschen-

DEN GRÜNGÜRTEL VERDANKT KÖLN DEN PREUSSEN UND ADENAUER

Konrad Adenauer galt als „Fuchs" und bestimmt war er als Oberbürgermeister von Köln ein Meister im „Klüngeln". Denn wie sonst hätte er es geschafft, die Festungsanlagen Kölns vor der Zerstörung, die der Versailler Vertrag nach dem Ersten Weltkrieg vorsah, zu bewahren? Er brachte das diplomatische Kunststück fertig, dass viele der alten Festungswerke mitsamt der sie umgebenden Gelände unversehrt blieben.

Die Militäranlagen führte man einer friedlichen Nutzung zu. Wo früher Soldaten gedrillt wurden, richtete man Sport- und Gartenanlagen ein. Und wenn sich heute des Sonntags Tausende Kölner auf den Weg ins Grüne machen wollen, so stehen ihnen dank Adenauer mit dem Grüngürtel am Stadtrand große Wiesen- und Waldflächen als Naherholungsgebiet zur Verfügung.

Der Oberbürgermeister hatte während seiner Kölner Amtszeit dafür gesorgt, dass die Flächen, die als „freies Schussfeld" des Befestigungsrings herhalten mussten, nicht einfach zugebaut wurden. Den kleineren Inneren Grüngürtel ließ er außerhalb der Wälle anlegen und den weitflächigeren Äußeren Grüngürtel entlang der Militärringstraße.

Köln war immer schon eine befestigte Stadt. Die ständige Ausdehnung durch den Bevölkerungszuwachs machte es aber im Laufe der Zeit notwendig, den Verteidigungsgürtel ständig mehr nach außen zu verlagern. Wer eine Stadtkarte zur Hand hat, sieht dies deutlich an den konzentrisch angeordneten Halbkreisen der wichtigsten Verkehrsadern der Stadt: die Ringe, die Wälle, die Gürtel und der Militärring.

Ab 1180 wurde die mittelalterliche Stadtmauer mit 12 Torburgen entlang der heutigen Ringe errichtet. Schöne Zeugnisse sind die Severins-, Hahnen- und Eigelsteintorburg. Als die Preußen 1815 Köln besetzten, wurde

Köln zu einer Festung ausgebaut. Man schob die neue Verteidigungslinie, bestehend aus einer Anzahl großer Festungswerke, etwa 600 m vor die alte. Aber da die Bevölkerungszahl weiter wuchs, und man erkannte, dass auch diese Verteidigungsanlagen der aktuellen Kriegstechnik nicht mehr genügten, wurden gegen Ende des 19. Jahrhunderts ein neuer innerer und zusätzlich noch ein äußerer Festungsgürtel angelegt.

Straßenbezeichnungen wie „Bonner Wall" zeigen den Verlauf dieser Befestigung an. Die alten noch vorhandenen Forts integrierte man. Neu war ein 600 m breites, unbebautes „freies Schussfeld".

Der zweite, äußere Festungsgürtel entlang der heutigen Militärringstraße machte Köln endgültig zur damals größten Festung Deutschlands. Ein Ring von zwölf Forts und 170 dazwischen liegenden kleineren Festungsanlagen wurde über eine Gesamtlänge von 42 km um Köln herumgeführt. Im Kölner Süden verläuft das Band des Äußeren Grüngürtels vom Fort VII am Eifeltor zwischen Militärringstraße und Autobahnring und endet am Heinrich-Lübke-Ufer bei der Autobahnbrücke. Dieser Teilabschnitt wurde 1927 bis 1929 nach Entwürfen von Fritz Encke und Theodor Nußbaum angelegt. Er wird von der am Verteilerkreis beginnenden A 555, der Bonner Autobahn, zerschnitten. Sie führt dicht an dem modernen Wasserwerk Hochkirchen vorbei, dass über Pipelines mit Grundwasser vom Weißer Rheinbogen gespeist wird. Den Grüngürtel östlich der Autobahn nimmt der weitläufige Golfplatz des Marienburger Golfclubs für sich in Anspruch.

Auf dem sich anschließenden Gelände des Grüngürtels liegen die Reste des Zwischenwerks VIIIb, eine der kleineren Befestigungen der ehemaligen Verteidigungsanlage.

Acht Kölner Bildhauer stellten 1985 im Rahmen der Ausstellung „Skulptur am Fort" große Außenskulpturen auf und eröffneten damit den ersten Skulpturengarten Kölns. Jede der Großplastiken korrespondiert mit der Befestigungsarchitektur des alten Forts.

schaften mit gewichsten Stiefeln sind aufgezogen und singen inbrünstig und mit Pathos die „Wacht am Rhein". So wurde zu Beginn des vorigen Jahrhunderts und noch bis 1939 alljährlich am Vorabend des Bismarck-Geburtstages am 1. April an dieser Stelle des „Eisernen Kanzlers" gedacht. Das steinerne Denkmal steht am Ende des Bayenthalgürtels dem Rhein zugewandt in einer kleinen, dreieckigen Gartenanlage. Hauptsponsor des 1903 eingeweihten Denkmals war der Schokoladenfabrikant und Bismarck-Verehrer Heinrich Stollenwerck.

Bayenthal entwickelte sich im 19. Jahrhundert zu einem Industrievorort von Köln. Zunächst wurde 1834 die Holzschneidemühle Boisserée gegründet. Der Rohstoff Holz gelangte in Form von Holzflößen über den Rhein zu den Verarbeitungsstätten. Es folgte 1840 eine Eisengießerei. Die eigentliche Entwicklung Bayenthals setzte erst ein, als 1856 die „Kölsche Maschinenbau AG" gegründet wurde. Nach einem der Gründer ist die Goltsteinstraße im alten Ortskern benannt. Weitere Industriebetriebe siedelten sich in der zweiten Hälfte des 19. Jahrhunderts an der Altenburger Straße an. In der Folge entstanden dort repräsentative Gründerzeithäuser im Stil von Neugotik und Neurenaissance.

Als 1904 über die Goltsteinstraße eine Straßenbahntrasse gelegt wurde, löste sie die Alteburger Straße als Haupt- und Geschäftsstraße ab. Ein originelles Zeugnis dieser Zeit findet man in dem Haus mit der Nr. 75. Das Relief des alten Schaufensterfrieses besteht in einem Motiv aus Babys in einem Nest, das von einem Storch behütet wird. Eine Hebamme hatte in dem Haus ihr Domizil.

Steinernes Monument: Bismarck-Denkmal
▼

Ein anderes Fragment aus dieser Zeit stellt der denkmalgeschützte Torbogen des Hauses Nr. 110 dar. Der Architekt Manuel Herz errichtete in der schmalen Baulücke einen Baukörper mit viel Glas und einer provokanten roten „Haut". Er erhielt dafür den Kölner Architekturpreis 2003.

Um 1900 sah ein städtischer Strukturplan vor, Bayenthal mit dem Villenvorort Marienburg zu verbinden. In der Folge begann eine Bebauung der neu angelegten, repräsentativen Allee „Bayenthalgürtel" und des Rheinufers mit herrschaftlichen Villen.

▶ Um 1900 Domizil einer Hebamme, Goltsteinstraße 75

Eine dürfte den meisten Kölnern wohlbekannt sein: das Palais Oppenheim zwischen Alteburger Straße und Gustav-Heinemann-Ufer (Nr. 144).
Von 1945 bis 1956 diente das im Krieg nur wenig beschädigte Gebäude
als Musikhochschule. Danach bis in die 1990er Jahre residierte hier der
ADAC. Der schlossähnliche Bau wurde 1907 nach Plänen französischer
Architekten für den Freiherren von Oppenheim im Stil des Neubarock errichtet. Eine weitere sehenswerte herrschaftliche Villa am Rheinufer, die
ebenfalls den Krieg unzerstört überlebt hat, ist das Palais Boisserée (Nr.
94). Bauherrin war die Belgierin Louise Boisserée, die Witwe des Dampf-
sägewerk-Besitzers.

DIE RADERBERGER ARBEITERSIEDLUNG GALT EINMAL
ALS VORBILDLICH

ANFAHRT:
Mit dem Auto: Über den Gürtel bis Raderberggürtel und nach links in die Bonner Straße ein-
biegen. „Wilhelmsruh" ist die Häuserzeile 310. Oder über die Uferstraße bis Schönhauser
Straße und in die Bonner Straße einbiegen.
Mit dem Bus: Linie 132 bis Cäsarstraße und mit Linie 133 bis Rheinsteinstraße.

Wie im angrenzenden Bayenthal siedelten sich gegen Ende des 19. Jahrhunderts auch hier Industriebetriebe vor den Toren der Stadt an, und es
entstanden Arbeitersiedlungen. Vor allem die Siedlungshäuser einer Zu-
ckerfabrik hatten für die damaligen Verhältnisse Vorbildcharakter. Den
Arbeiterfamilien standen zusätzlich Stallungen, Nutzgärten und Höfe zur
Verfügung. Als besonders vorbildlich galt die 1888 aus gelben Backstein-

ALS KIRCHE UND NS-STAAT
SICH DIE HÄNDE REICHTEN

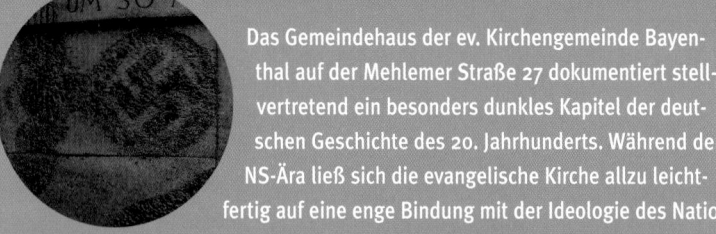

Das Gemeindehaus der ev. Kirchengemeinde Bayenthal auf der Mehlemer Straße 27 dokumentiert stellvertretend ein besonders dunkles Kapitel der deutschen Geschichte des 20. Jahrhunderts. Während der NS-Ära ließ sich die evangelische Kirche allzu leichtfertig auf eine enge Bindung mit der Ideologie des Nationalsozialismus ein.

Der Besucher sieht sich am Portal von zwei gleich großen Symbolfiguren eingerahmt: In der linken Seitenwange gewahrt er das Relief Martin Luthers mit der Luther-Rose. Auf der rechten (!) Seite erkennt er einen SA-Mann mit dem Hakenkreuz-Symbol. Während Luther von seinem bekanntesten Ausspruch eingerahmt wird, ordnete man dem SA-Mann das Hitler-Zitat zu: „Wenn so die Welt gegen uns steht, dann müssen wir umso mehr zu einer Einheit werden." Die gleichgewichtige Darstellung der beiden Figuren verrät die Enge der Verflechtung von Kirche und NS-Ideologie. Zwar hatte man nach Kriegsende das Relief des SA-Mannes flugs abgeschlagen, doch seine Umrisse blieben deutlich bestehen, was Mut bewies, denn der Kirche war die Kumpanei mit dem NS-Staat im Nachhinein peinlich.

Erst knapp 40 Jahre nach Kriegsende, im Jahre 1984, ergänzte die Gemeinde das Relief-Relikt des SA-Mannes um eine Steintafel mit der Inschrift eines vom Sinn her vagen alttestamentlichen Spruchs: „Gerechtigkeit erhöht ein Volk, aber Sünde ist der Leute Verderben". Im Mai 2005 wurde endlich eine weitere Gedenktafel angebracht, auf der zu dem „Sündenfall" der Kirche Stellung bezogen und „an das Versagen und die Schuld der Gemeinde und großer Teile der ev. Kirche" erinnert wird. Zu den NS-geprägten „Deutschen Christen" zählte damals auch der Bankier Robert Pferdmenges, der als Presbyter der ev. Gemeinde Bayenthals maßgeblich Einfluss auf die Haltung der Gemeinde ausübte. Architekt des 1933/34 errichteten Martin-Luther-Hauses war kein geringerer als Clemens Klotz, der zur gleichen Zeit das Projekt der so genannten NS-Ordensburg Vogelsang ausführte. Das Untergeschoss des Luther-Hauses stand der Hitlerjugend zur Verfügung.

ziegeln errichtete und nach dem Kaiser
Wilhelm I. benannte Arbeiterkolonie
„Wilhelmsruh" an der Bonner Straße. Sie
war eine Stiftung des Professors Gerhard
vom Rath. Nur die Häuserzeile an der
Bonner Straße Nr. 310 ist erhalten.

Arbeiter-Kolonie Wilhelmsruh, Bonner Straße 310 ▶

KÖLNS EINZIGES BENEDIKTINERINNEN-KLOSTER IST SELBSTVERSORGER

ANFAHRT:
Mit dem Auto: Über den Gürtel bis Ecke Brühler Straße. Nach links stadteinwärts bis
Brühler Straße Nr. 74-78.
Mit dem Bus: Linie 133 bis Rheinsteinstraße.

▲
Toreinfahrt zur Klosteranlage   Eingangspforte

Das Benediktinerinnen-Kloster unterhält eine Hostienbäckerei, eine
Restaurierungswerkstatt für Textilien und stellt Paramentik (kirchliche
Stickereien) her. Heute leben 25 Schwestern nach den Regeln des heili-
gen Benedikt in der abgeschlossenen, beschaulichen Gemeinschaft eines
Klosters an der Brühler Straße Nr. 74-78 in Raderberg. Das autonome
Leben, das sie führen, entspricht den benediktinischen Regeln. Auch eini-
ge Schweine und Kühe gehören zum lebenden Inventar des Klosters. Das

Herz-Jesu-Kloster, das 1895 in neugotischem Stil errichtet wurde, liegt in einer großen Anlage mit einem Klostergarten. Prunkstück der Klosterkapelle ist ein schöner Flügelaltar aus dem 16. Jahrhundert. Besucher sind immer willkommen.

GROSSMARKTHALLE: HIER WURDEN ZUM TODE VERURTEILTE GERÄDERT

ANFAHRT:
Mit dem Auto: Über die Bonner Straße stadtauswärts bis Ecke Schönhauser Straße/Marktstraße. Oder über die Gürtel bis Ecke Brühler Straße und nach links bis Marktstraße 10.
Mit dem Bus: Linie 106, 132 und 133 bis Bonntor.

Die Region im nördlichen Teil Raderbergs wurde zu ganz entgegengesetzten Zwecken genutzt. So lag bereits seit dem Mittelalter auf dem so genannten „Judenbüschel" ein jüdischer Friedhof. Auf dem „Marterberg" daneben mussten zum Tode Verurteilte auf dem Rad sterben. (Davon leitet sich auch der Name „Raderberg" ab.) Und bis ins frühe 20. Jahrhundert war diese Gegend gleichzeitig das Vergnügungsviertel des Kölner Südens mit Bier- und Tanzlokalen. Bis zu ihrer Schließung fuhren in aller Herrgotts Frühe die Händler vor die Tore der Großmarkthalle, um sich mit frischer Ware zu versorgen. Die weitläufigen Hallen wurden zwischen 1936 und 1940 nach Plänen des Architekten Theodor Teichen im Stil des „Neuen Bauens" errichtet.

VILLENKOLONIE MARIENBURG: BAUHERREN WAREN DIE GANZ REICHEN

ANFAHRT:
Mit dem Auto: Von Köln über die Rheinuferstraße bis zum Bayenthalgürtel. Nach rechts auf den Gürtel und von dort nach links in eine der Marienburger Straßen einbiegen. Oder bis Bayenthalgürtel und nach rechts in die Goethestraße bis zum Südpark.
Mit der Bahn: Stadtbahnlinie 16 bis Heinrich-Lübke-Ufer in Marienburg.
Mit dem Bus: Linie 106 bis Schillingsrotter Platz am Südpark.

Ein Spaziergang durch die Straßen und Alleen Marienburgs verspricht einen besonderen Genuss für Liebhaber ungewöhnlicher Architektur und schöner Gartenanlagen. Straßenzüge und Alleen der Villenkolonie schmücken Bauwerke aus der Zeit um 1900 in den unterschiedlichsten Baustilen vom Historismus bis hin zur Moderne.

Die Bauherren waren meist gut betuchte Kölner Fabrikanten, Bankiers, Verleger und Kaufleute. Sie ließen sich um 1900, als ihnen die Großstadt für ihre repräsentativen Wohnwünsche zu eng wurde, auf dem Gelände vor den Toren Kölns Häuser und Villen in weiträumigen Gärten und Parks errichten.

Ein Weg mit langer Geschichte:
der Leinpfad

An sonnigen Wochenenden kommt es auf dem Leinpfad vor den Rheinorten schon mal zu einem Gedränge wie auf der Hohestraße zu Köln beim Sommerschlussverkauf. Sonntagsspaziergänger, Hundehalter, Jogger, Radfahrer, Inlineskater und sogar die Enten des Rheinufers erheben Anspruch auf den beliebten, asphaltierten Rheinuferweg. Sie alle ahnen nichts von der mühsamen Arbeit, mit der dieser Traditionsweg über Jahrhunderte bis zum Jahre 1840 verbunden war und keineswegs zur Erholung diente.

Bis dahin gab es noch keine dieselbetriebenen Lastkähne, auch noch nicht ihre Vorläufer: die mit Kohle gespeisten Dampfschiffe. Was sollte man also machen, um den Rhein als Transportweg für Güter zu nutzen? Flussabwärts war es kein Problem, die gefüllten Lastkähne auch ohne Motorantrieb zu bewegen. Aber rheinaufwärts gegen die mitunter doch reißende Strömung? Die Methode, die man ersann, ist unter dem Namen „Treidelschifffahrt" überliefert. Ein Gespann von Pferden zog den oft schwer beladenen Kahn an Zugseilen, die „Treidel" hießen, gegen die Strömung am Ufer entlang. Das wurde schon seit dem Mittelalter so gemacht. Auf vielen alten Bildern vom Rhein sieht man diese „Schleppzüge". Auf dem ersten Pferd reitet meist der Anführer, das Gesicht dem Rhein zugewandt, um das Schiff im Auge zu behalten und zu dirigieren. Dieser Mann wurde „Rhinghalfe" genannt, im Kölner Raum hatte man für ihn auch die Bezeichnung „Lingeboor" (von Leinen-Bauer). Er unterhielt für diese Arbeit eine größere Anzahl Pferde. Je nach Ausmaß und Beladung des Kahns mussten schon mal ein ganzes Dutzend oder noch mehr Pferde vor das schwerfällige Gefährt gespannt werden. Dazu gab es noch Pferdeknechte, die die arg zerschundenen Zuggäule mit Peitschen antrieben.

Nach Köln war Rodenkirchen die erste Station zum Wechseln der Pferde. Hier tat sich allerdings ein Problem auf: Bis 1785 führte der Weg noch nicht wie heute um das „Kapellchen" herum, und der Rhein floss direkt unter der

auf einem Felsvorsprung stehenden Kirche vorbei. Da blieb nichts anderes übrig, als die Pferde in der heutigen Kirchgasse abzuspannen und das Schiff mit viel Mühe mit Ruderbooten um den Felsbuckel herumzuziehen. Das nannte man „de Linge ömstecke". Frische Pferde wurden aus dem „Päds-jässche" geholt und wieder am Schiff angeschirrt. Als die Franzosen um 1800 das Rheinland besetzt hielten, missverstanden sie „Päds" als „paix" (= Frieden), und seitdem heißt die Gasse offiziell Friedensstraße. Im „Treppchen" befeuchteten sich derweil der „Lingeboor" und die Pferdeknechte ihre heiser geschrienen Kehlen.

Wer sich fragt, was es mit der in Köln gebräuchlichen Bezeichnung „Schäl Sick" für die rechte Rheinseite der Stadt auf sich hat, dem liefert die Treidelschifffahrt eine mögliche Erklärung. Weil die Morgensonne die rheinaufwärts ziehenden Pferde blendete, trugen sie auf dem linken Auge eine Scheuklappe. Dadurch waren sie „schäl" (blind) für die „Düxer Sick".

Die Bebauung erfolgte in drei zeitlich hintereinander folgenden kurzen Abschnitten. Um 1870 begann sie zunächst nur schleppend, denn noch fehlte die Verkehrsanbindung an die Stadt. Das änderte sich schlagartig im Jahre 1891, als die „Kölnische Immobiliengesellschaft" gegründet wurde und man eine Pferdebahn nach Marienburg legte.

Die typische Großvilla liegt in einem sie umgebenden Garten oder Park und besitzt im Außenbereich ein Kutscherhaus und Gartenpavillons.

▼ Trutzig wie eine Burg: Pferdmengesstraße 14

Häufiges Vorbild dieser Bebauungsphase bis 1914 war der englische Landhausstil. Als Merkmale weist er das englische, die Senkrechte betonende Fachwerk auf, große Außenkamine und hohe Schornsteine sowie einen breit gelagerten Grundriss.

Bedeutende Architekten dieser Zeit wie Paul Pott, Josef Crones und Otto March waren bis zur zweiten Bauphase dem Historismus verpflichtet, jener europäischen Stilepoche, die seit 1750 alle historischen Stilelemente nachahmte. Die Formensprache reichte dabei von der Antike bis zum Barock. Entsprechend verwendete man in der Fachsprache wieder die alten Stilbegriffe und ergänzte sie durch die Vorsilben „neu" oder „neo" (z. B. Neubarock). Daneben trifft man auf Bauten, bei denen der Bauherr seine eigenen Wünsche und Vorstellungen repräsentiert sehen wollte.

Der dritte Bauabschnitt vollzog sich nach dem Ersten Weltkrieg. Tonangebende Architekten waren jetzt Theodor Merrill und Josef Op Gen Oorth. Andere Architekten wie Wilhelm Schulz, Hans Schumacher und Dominikus Böhm entwarfen Bauten im Stil des „Neuen Bauens", der vom Bauhaus maßgeblich beeinflusst war.

Wegen dieser Vielfalt an Stilen und der Geschlossenheit der Villenkolonie Marienburg zählt sie heute zu einer der bedeutendsten in ganz Deutschland.

MARIENBURG IST DAS MEKKA FÜR GARTEN- UND ARCHITEKTURLIEBHABER – EIN RUNDGANG

Der Rundgang beginnt am Schillingsrotter Platz am Südpark.
Er liegt zwischen Bonner Straße, Leyboltstraße und Militärringstraße, entsprechend ergeben sich Anfahrten aus verschiedenen Richtungen. Die Buslinie 106 fährt zum Schillingsrotter Platz am Südpark.
Wegen der sehr großen Anzahl bauhistorisch interessanter Sehenswürdigkeiten wurde eine Auswahl getroffen. Sie berücksichtigt einen Rundgang von etwa 1-2 Stunden und Bauten der maßgeblichen Architekten und Stile aus der Zeit der Errichtung der Villenkolonie Marienburg.

Der halbkreisförmige Südpark am Rande der Villenkolonie wurde in der zweiten Marienburger Bauphase zwischen 1898 und 1901 nach dem Vorbild englischer Landschaftsparks mit Gehölzpflanzungen und hügeligen Wiesenflächen angelegt. Für Ausflügler aus Köln war der Hauptanziehungspunkt vor dem Ersten Weltkrieg ein romantisches Gartenlokal im Park; es stand dort, wo sich heute ein Kinderspielplatz befindet.

Vom Schillingsrotter Platz verläuft ein schnurgerader Weg durch die Mitte des Halbkreises. Am Wegende im Gelände des linken Viertelkreises

geht ein Panther auf Beutezug.
Die Bronzeplastik auf Betonsockel
wurde 1920 von dem Bildhauer
Fritz Behn geschaffen.

◀ Panther auf Beutezug: Bronzeplastik im Südpark

Den Park über den Mittelweg verlassen. Hier beginnt die Goethestraße, die nach wenigen Metern von der Leyboltstraße gekreuzt wird.

Goethestraße 84: Links gewahrt man zwischen altem Kiefernbestand die katholische Pfarrkirche St. Maria Königin. Architekt der 1953/54 erbauten Kirche war der in Marienburg lebende Dominikus Böhm. Ursprünglich war das Gotteshaus ohne Turm geplant und gebaut worden, denn nach Böhms Vorstellungen passte nur ein schlichter Bau in die von Landhäusern bestimmte Wohngegend. Das traf nicht ganz die Vorstellungen der Marienburger Gemeinde, zumindest sollte er mehr dem Aussehen einer Kirche entsprechen. Deshalb wurde 1959/60 „nachgebessert" und ein Turm angefügt, den Gottfried Böhm, Sohn des 1955 verstorbenen Dominikus Böhm, entwarf.

Goethestraße 65: Die überdimensionale Skulptur im Vorgarten des kubischen Baus ist die „Visitenkarte" der Galerie Gmurzynska. Das 1989-91 errichtete Ausstellungshaus will die Tradition qualitätsvoller Architektur in Marienburg mit modernen Akzenten fortsetzen.

Goethestraße 66: Gegenüber hat auf einem 3000 m² großen Grundstück Theodor Merrill 1922-24 nach dem Vorbild eines englischen Landsitzes eine repräsentative Villa errichtet. Leider verdeckt eine dichte Hecke eine bessere Sicht von der Straße aus auf die Hausfront.

Goethestraße 64: Das Nachbarhaus ist ein gutes Anschauungsbeispiel für den Stil des Neuklassizismus. Es wurde 1922 von Clemens Klotz erbaut.

Goethestraße 30: Auf gleicher Straßenseite errichtete der Holländer Josef Op Gen Oorth 1937 eine Villa im Stil des Neubarock.

Goethestraße 25: Die älteste Kirche Marienburgs ist die evangelische Reformationskirche. Otto March entwarf und baute sie 1903-05 mit neuromanischen Stilelementen. Im Zweiten Weltkrieg stark zerstört, wurde sie 1961 in leicht abgeänderter Form wieder aufgebaut.

▶ St. Maria Königin, Taufkapelle

▶ Goethestraße 64

▶ Marienburger Straße 37

▶ Marienburger Straße 27

▶ Unter den Ulmen 112

▶ Leyboldstraße 50/52

Zurück zur Marienburger Straße und in diese nach links einbiegen.

Marienburger Straße 40-42: Diese Doppelvilla wird dem Architekten Stephan Mattar zugeschrieben. Der Bau von 1903/04 ist vom Deutschen Werkbund und dem ausgehenden Jugendstil geprägt.

Marienburger Straße 37: Das Haus ist eines der ältesten von Marienburg und wurde von der Kölner Immobiliengesellschaft 1903/04 dem Architekturbüro Crones in Auftrag gegeben. In den neubarocken Bau wurden 1926 von Wilhelm Riphahn Ideen des „Neuen Bauens" eingebracht.

Marienburger Straße 32/34: Die Doppelvilla weist die typischen Elemente des Klassizismus auf, die Architekten waren Emil Schreiterer und Bernhard Below.

Marienburger Straße 27: Ein ungewöhnlicher Bau ist die in süddeutschem Landhausstil 1909/10 von Peter Gendebien erbaute Villa. Durch die Verwendung von Holzdekor und Naturstein-Mauerwerk wirkt sie rustikal und burgenartig.

Marienburger Straße 11-13: Diese Doppelvilla, von Wilhelm Schultz 1879/80 errichtet, zählt zu den allerersten Bauten der Villenkolonie. Der Backsteinbau weist eine Anzahl gotischer Stilelemente auf wie das typische „Maßwerk" an den Fenstern und der „gotische Spitzbogen" über der Eingangstür.

Auf der Marienburger Straße wieder umkehren und bis zur Pferdmengesstraße gehen. In diese nach rechts einbiegen.

Ecke Pferdmengesstraße/Marienburger Straße: An der Ecke liegt eine Marienburger „Berühmtheit" ganz anderer Art: Die Fleischerei Holtmann führt nur biologische Fleischwaren.

Pferdmengesstraße 30/32: Die Doppelvilla stammt aus dem Jahre 1898 und von dem Architekten Josef Crones. Er gestaltete sie mit Elementen der Neurenaissance und -gotik, die Verwendung von Fachwerk unterstreicht den ländlichen Charakter.

Auf der Pferdmengesstraße wieder umkehren, Marienburger und Mehlemer Straße überqueren und weiter auf der Pferdmengesstraße.

Mehlemer Straße 27: Ein kleiner Abstecher nach links in die Mehlemer Straße führt zum Martin-Luther-Haus, das 1933/34 von Clemens Klotz erbaut wurde. Die Reste de NS-Symbole im Türportal rechts dokumentieren die enge Verflechtung von Kirche und Nationalsozialismus (vgl. S. 30).

Perdmengesstraße 3: Es handelt sich um eine der beiden Villen, die Theodor Merrill für den Bankier Freiherr von Oppenheim erbaute, ein besonders eindrucksvolles Zeugnis des Neubarocks aus dem Jahre 1924. **Pferdmengesstraße 1:** Im gleichen Jahr errichtete der Architekt das Haus nebenan, hier diente ihm als Vorbild das amerikanische Landhaus im Kolonialstil.

Ecke Bayenthalgürtel 25/Pferdmengesstrasse: Der streng symmetrisch gegliederte Bau entspricht dem anglo-amerikanischen Landhausstil. Die Villa aus den Jahren 1923/24 stammt von Paul Pott.

Den Bayenthalgürtel nach rechts gehen und in Unter den Ulmen einbiegen.

Unter den Ulmen 112: Mit dem Haus aus den Jahren 1903/04 wurde eine „deutsche Richtung" in der Villenarchitektur eingeschlagen. Man gab natürlichen Materialien wie Holz, Putz und Ziegelsteinen den Vorzug. Auf Stuck wurde verzichtet. Das Fachwerkdekor ist allerdings der englischen Architektur entliehen.

In die von links kommende Straße Auf dem Römerberg einbiegen.

Auf dem Römerberg 25: Der kleine Abstecher führt zu einem Beispiel der Architektur des „Neues Bauen". Hier versteht man, was die Architekten nach der Vielfalt der Stilelemente des so genannten Historismus unter dem „neuen" Bauen verstanden haben wollten. Das von Dominikus Böhm 1932 errichtete Haus mit seiner kubischen einfachen Formensprache steht im scharfen Kontrast zu den bisher besichtigten Villen. In der schmucklosen, zurückhaltend schlichten Fassade wirken Fenster und Erker grafisch angeordnet. Die Hausfront erscheint dem Betrachter nach dem Prunk der bisher gesehenen Villen eher enttäuschend, doch weist die nicht einsehbare Gartenfront mit großen, funktional angeordneten Glasflächen ein weit positiveres Bild auf.

Auf der Straße zurück zu Unter den Ulmen und dieser weiter nach links folgen.

Unter den Ulmen 134: Das idyllisch wirkende Haus ließ sich der Direktor der Kölner Immobiliengesellschaft Rudolf Scholz von dem Architekturbüro Crones als Sommersitz errichten. Das Aussehen des für Marienburger Verhältnisse kleinen Baus mit Turm, Fachwerk und Verschieferung des Obergeschosses könnte einem Märchenbuch entnommen sein.

Unter den Ulmen 148/Ecke Tiberiusstraße: Die „Villa Vorster" nimmt in der Architekturgeschichte einen besonderen Rang ein. Gilt sie doch als eines der ersten Häuser in Deutschland, die im

Unter den Ulmen 134 ▶

Villa Vorster: Unter den Ulmen 148

englischen Landhausstil errichtet wurden. Der Architekt setzte sich mit der englischen Architektur auf dem Inselreich auseinander, ehe er 1891-94 dieses Villenanwesen für den Industriellen Vorster realisierte. Die Villa liegt weit von der Straße abgerückt in einem weiträumigen englischen Landschaftsgarten.

Am Ende der Ulmenstraße nach links in die Parkstraße einbiegen.

Parkstraße 55: Die Villa Marienburg wird auf Seite 42 beschrieben. Auf der Parkstraße wieder umkehren bis Unter den Ulmen, hier in die Lindenallee und dann nach rechts in die Leyboldstraße gehen.

Leyboldstraße 56: Josef Op Gen Oorth baute das Haus 1932/33 im Stil einer niederrheinisch-niederländischen Architektur.

Leyboldstraße 50/52: Bauherr des Hauses 52 war Ernst Leybold, der Marienburg mitbegründete. Im Stil dieser Wohn-

Leyboldstraße 56

▶ Villa Marienburg: Parkstraße 55

hausgruppe vermischen sich Elemente des englischen Landhauses mit niederrheinischen, wie die Verwendung des Materials Backsteine zeigt.

Es war einmal ...
Des Sonntags zu Kaffee und Kuchen auf die Terrassen der Marienburg

Ein schöner Sommersonntagnachmittag anno 1892. Ein Raddampfer der Köln-Düsseldorfer hat am Landesteg in Höhe der Marienburg angelegt und fein herausgeputzte Sonntagsausflügler aus der Stadt streben hügelan den Terrassen der Hotel-Pension Marienburg zu. Auch die Pferdebahn hält, um Fahrgäste aussteigen zu lassen. Es ist die Zeit, als die Marienburg mit ihren überdachten Terrassen, dem großen Festsaal und einem Konzert-pavillon im Park als eines der beliebtesten Ausflugslokale im Kölner Raum gilt. Für die Kinder ist extra ein Spielplatz mit Karussells angelegt und zeitweise herrscht ein regelrechter Kirmesbetrieb.

Die Entwicklung des Stadtteils Marienburg ist eng verknüpft mit der Ge-schichte dieses Hotelrestaurants. Mitte des 19. Jahrhunderts hatte der Immobilienspekulant P. J. Hagen Ländereien entlang des Rheins von Bay-enthal bis in Höhe der heutigen Militärringstraße erworben. Im Süden selnes Grundbesitzes ließ er um 1847 auf einem Hügel einen Gutshof errichten, dem er den Namen seiner Tochter gab: „Marienburg". Als der Makler in Geldschwierigkeiten geriet, verkaufte er das Grundstück an das Bankhaus Oppenheim. Es war ein Zufall, dass der reiche Fabrikant Ernst Leybold 1868 bei einem Spaziergang die schöne Lage und die reizvolle Umgebung der Marienburg entdeckte und sich dazu entschloss, das Gut zu erwerben.

Er kaufte noch weiteres Land hinzu mit der Absicht, hier ein herrschaftliches Wohngebiet anzulegen. Denn durch die aufkommende Industrie hatte sich ein dem Adel vergleichbares Großbürgertum entwickelt, und die neue „Adelsschicht" verlangte es nach repräsentativen Landhäusern außerhalb der immer enger werdenden Stadt.

Doch die Sache hatte einen Haken: Es fehlte eine Verkehrsanbindung zur Stadt. Dieser Umstand schreckte zunächst viele mögliche Investoren ab. Leybold selbst zog wieder zurück in die Stadt, und er verpachtete die Marienburg als Hotel-Pension mit Restauration. Unter dem Druck der steigenden Beliebtheit des Ausflugslokals erhielt es bald darauf Stationen für die Ausflugsschiffe und die Pferdebahn.

Nächster Besitzer wurde der Fabrikant H. Schütte aus Köln-Poll, der die Marienburg 1904 erwarb. Er ließ den Bau zu seinem privaten Wohnhaus umgestalten, wobei seine Vorliebe der französischen Architektur galt. Der Haupteingang lag nun nicht mehr dem Rhein zugewandt, sondern im Westen an der Parkstraße 55. Passanten schauen heute durch ein großes, fantasievoll gestaltetes, schmiedeeisernes Tor in den Garten und auf die rückwärtige Hausfront. Vor der Einfahrt ließ Schütte auf einer Verkehrsinsel einen Schalenbrunnen errichten mit zwei sitzenden und zwei stehenden Kinderfiguren, die eine Schale über ihren Köpfen halten. Um 1920 ging die mondäne Villa in den Besitz des Versicherungsunternehmens Gerling über, das sie heute als Managerschule des Konzerns nutzt.

Allgemeine Informationen
Stadt Köln/Bezirk 2 Rodenkirchen
Hauptstraße 85 / 50996 Köln-Rodenkirchen/Bürgeramt / Tel. 0221-92 330
Landkarte: Stadtbezirk 2 (kostenlos)

Restaurants mit Außengastronomie
Marienburger Bootshaus www.marienburger-bootshaus.de
Oberländer Ufer / 50968 Köln-Marienburg / Tel. 0221-37 80 61

Bootshaus des Kölner Club für Wassersport e.V.
Öffentliches Restaurant mit großer Deckterrasse
Yachtschule Germania www.bootsfuehrerscheine.de

Zum Biergarten
Bonner Straße 381 / 50968 Köln-Marienburg / Tel. 0221-37 55 55

Alteburg
Alteburger Straße 139 / 50968 Köln-Bayenthal / Tel. 0221-937 83 29
großer romantischer Biergarten mit Südstadtflair / Öffnungszeiten: 12-23.30 Uhr

Tullio
Marienburger Straße 2 / 50968 Köln-Marienburg / Tel. 0221-34 13 98
italienisches Ristorante mit Gartenterrasse / gehobene Preise

Einkaufstipps
Holtmann's Feinkost www.holtmanns.net
Marienburger Straße 36 / 50968 Köln-Marienburg / Tel. 0221-37 30 00
Die Metzgerei führt nur biologische Fleischwaren.

Kulturelles
Preußische Festung Cöln – Zwischenwerk VIII b www.crifa.de/ info@crifa.de
Militärringstraße zwischen Konrad-Adenauer-Straße und Heinrich-Lübke-Ufer
Parkplatz an der Haltestelle der Stadtbahnlinie 16, Heinrich-Lübke-Ufer
Führungen: jeden 1. Samstag im Monat von 12 Uhr bis Einbruch der Dunkelheit
alle zwei Stunden

2. Rodenkirchen/ Hahnwald

Rodenkirchen war bis zu seiner Eingemeindung nach Köln im Jahre 1975 der Verwaltungsort einer Großgemeinde mit 7 weiteren Ortschaften. Die 8 Orte wurden mit den 5 seit 1888 zu Köln gehörenden südlichen Stadtteilen Bayenthal, Marienburg, Raderberg, Raderthal und Zollstock zu dem Stadtbezirk Rodenkirchen zusammengefasst.

Der malerisch am Strom gelegene Rheinort mit seinem historischen Ortskern um das „Kapellchen" ist seit langem ein beliebtes Ausflugsziel für Naherholungssuchende, die mit Auto, Stadtbahn, Fahrrad und Schiff anreisen.

Das alte „Rodenkyrichon" wird erstmals 989 urkundlich erwähnt, es soll aber bereits im 4. Jahrhundert eine dem hl. Maternus geweihte Kapelle am Rheinufer gestanden haben.

Der rege Badestrandbetrieb auf den Wiesen und in den sandigen Buchten des Rheins, die zahlreichen Ausflugslokale auf den Bootshäusern wie „Alte Liebe" und etliche Wassersportvereine trugen dem Ort den Namen „Kölsche Riviera" ein. Der benachbarte vornehme Villenvorort Hahnwald wurde erst in neuerer Zeit im Jahre 1949 gegründet.

Die „Rodenkirchener Riviera" hat Saison
▼

DER HL. MATERNUS BEGRÜSST AM ORTSEINGANG RODENKIRCHENS DIE ANKÖMMLINGE

ANFAHRT:
Mit dem Auto: Von Köln über die Rheinuferstraße bis unter die Rodenkirchener Autobahn-brücke fahren. Unter der Brücke befinden sich Parkplätze (kostenfrei). Nur wenige Schritte zum Rheinufer und Leinpfad.
Mit der Bahn: Stadtbahnlinie 16 bis Haltestelle Heinrich-Lübke-Ufer (100 m vor der Auto-bahnbrücke).
Mit dem Bus: Linie 130 und 131 bis Maternusplatz. Von hier ca. 200 m bis zum Rhein.

Man begegnet ihm gleich zu Beginn des Spazier-gangs auf dem Rodenkirchener Leinpfad in Höhe der „Alte Liebe". Der Schutzheilige des Orts steht auf hohem Sockel in der Nische einer hübschen Rokoko-Architektur aus Trachyt-Stein, sie lehnt sich an die Hochwasserschutzmauer aus Natursteinen. Hier ist er aber keineswegs sicher vor dem Hochwasser, im Ge-genteil: Das Wasser steht ihm oft „bis zum Halse". Das ist paradox, gilt doch der Heilige auch als Schutz-patron genau eben gegen dieses Hochwasser.

▲
Hinter Gittern: der hl. Maternus

Heute schützt ein Stahlgitter die Figur vor Treibgut und Vandalismus. Seitdem Karthäusermönche, die an dieser Stelle einen Hof besaßen, den Bilderstock 1773 aufstellten, musste der hl. Maternus schon einiges über sich ergehen las-sen. So wurde wegen Versetzung der Hochwassermauer 1907 der ganze Bildstock 25 m nach Norden versetzt. Um 1920 zerstörten Unbekannte mutwillig die Figur. Eine neue, kleinere Statue wurde wieder stark be-schädigt und erst 1992 durch die heutige ersetzt.

Wer seine Lateinkenntnisse testen will: Die Inschrift lautet übersetzt „Zu Ehren Gottes und des hl. Maternus errichtet von der Kartause".

DIE RODENKIRCHENER NENNEN ST. MATERNUS LIEBEVOLL „KAPELLCHEN"

Gleich hinter dem Maternus-Denkmal liegt, am Rheinufer vertäut, eines der beliebtesten Kölner Ausflugslokale, das rot-weiß gestreifte Bootshaus „Alte Liebe". Spektakulär rückte es einige Male in die Schlagzeilen. Ein-mal wurde es im Nebel von einem Schlepper gerammt und beinahe ver-senkt. Und 2003 brannte es bereits zum zweiten Male ab. Der Blick von der Bootshaus-Terrasse auf die Rheinsilhouette Kölns, auf die Hänge-brücke und das Rodenkirchener Uferpanorama ist einmalig. Einige Schritte weiter überrascht eine „Rheinburg" oberhalb der hohen Ufermauer. Aber

Eine „Burg" am Rhein: Villa Malta

sie erreicht längst nicht das Alter der Burgen am Mittelrhein. Um 1905 waren solch repräsentative Villen im Stil von Burgen in Mode. „Villa Malta" steht in großen Lettern am Turm, die Schrifttype verrät den Jugendstil des Gebäudes. Malerisch staffeln sich verschiedene Anbauten um den hohen Aussichtsturm. Besitzer, Namen und Funktion wechselten sich im Laufe der Zeit ab. Heute ist die „Burg" eine private Wohnanlage.

Der Schiffsanleger 100 m weiter ist Endstation für die kleinen Ausflugsschiffe, die von Ostern bis Ende Oktober von der Frankenwerft in Köln Rodenkirchen ansteuern. Der Familien-Nachmittagsausflug geht dann von hier aus zu Fuß weiter bis zur „Rodenkirchener Riviera".

Kurz hinter der Anlegerstelle umkurvt der Leinpfad eine Attraktion wie aus dem Bilderbuch: Auf einem Bollwerk aus Basaltsteinen erhebt sich am Rheinufer die weiß verputzte Maternuskapelle. Sie wird von den Bewohnern liebevoll „Kapellchen" genannt. Das kleine Gotteshaus wurde im 10. oder 11. Jahrhundert an Stelle einer älteren aus dem 4. Jahrhundert stammenden Pfarrkirche aus Fachwerk errichtet. Es ist vermutlich das älteste Gotteshaus im Kölner Raum. Das „Kapellchen" bestand zunächst nur aus einem einfachen, schlichten Saalbau mit Apsis und einem gotischen Kreuzrippengewölbe. Später erhielt die Kirche nach und nach durch Anbauten ihr heutiges Aussehen. Im 15. Jahrhundert erneuerte man die Apsis und fügte auf der Südseite ein Seitenschiff an. Erst im 17. Jahrhundert kamen der Turmaufsatz und im Westen der hohe Vorbau hinzu. Im Zweiten Weltkrieg wurde die Kapelle stark beschädigt und bis 1954 wie-

Treff auf ein Bier: am „Kapellchen"

der hergestellt. Der hl. Maternus in der Nische der äußeren, dem Rhein zugewandten Apsis, eine neuere Statue des Weißer Bildhauers Elmar Hillebrand, schaut denn auch zufrieden hinab auf die Passanten auf dem Leinpfad unter ihm. Leider ist das „Kapellchen" nur in der Zeit von Andachten zugänglich.

In der Gegend um St. Maternus liegt der alte Ortskern mit zwei ungewöhnlichen Fachwerkbauten: den beiden traditions-

reichen Gasthäusern „Zum Treppchen" und „Fährhaus". Hier
löschten zur Zeit der Treidelschifffahrt die Rheinhalfen und die
Pferdeknechte ihren Durst. Rechts
neben dem Fachwerkbau des
Treppchens erhebt sich die mächtige Rheinfront der Villa Kalven-
bach, die wie die Villa Malta um
1900 im so genannten „Heimat-
stil" erbaut wurde.

▲
Alter Szene-Treff: Biergarten „Zum Treppchen"

Nach Passieren des „Kapellchens" können Sie auf die Schnelle an der
„Bierbud" ein Kölsch kippen oder Sie legen auf den erhöht liegenden
Rheinterrassen eine Pause ein und schauen dem quirligen Treiben auf
Rhein, Bootshafen und Leinpfad zu.

SELBST EINE GRILLSTUBE IST NACH IHM BENANNT:

Die Legende des hl. Maternus

Der zentrale Platz heißt so, eine Straße, ein Reise-
büro, eine Grillstube, ein Altersheim, die Pfarrei,
selbst die Herbstkirmes von Rodenkirchen wird nach
dem ersten Bischof von Köln benannt. So vielseitig
wie die Verwendung seines Namens ist auch die Geschichte dieses Ortsheiligen. Sie ist verwoben mit
einer Legende, die in Rodenkirchen spielte.
Historisch verbürgt ist, dass Maternus um 300 lebte
und der erste uns bekannte Bischof von Köln war. Er
betreute außerdem noch die Bistümer Trier und
Tongern (heute Lüttich), war also zu seiner Zeit ein
wichtiger Mann der Kirche. Auf bildlichen Darstel-
lungen trägt er deshalb zwei Bischofsmützen in der
linken Hand und die dritte auf dem Haupt.

Das „hillije" Köln, darauf bedacht, eine bedeutende
Stadt des Christentums zu sein, brachte um das Jahr 1000 eine seltsame
Legende in Umlauf, in der der Maternus die Hauptrolle übernehmen sollte.
Sie verlegten die Lebenszeit des Kirchenmannes ins 1. Jahrhundert und
behaupteten, Maternus sei ein Schüler des Apostels Petrus gewesen. In

seinem Missionsgebiet erkrankte und starb er. Seine Weggefährten kehrten zu Petrus zurück. Der schickte sie, so sagt es die Legende, erneut auf den Weg mit dem wunderwirkenden Petrusstab im Gepäck. Sie erweckten mit dessen Hilfe Maternus wieder zum Leben, und dieser setzte seine Missionstätigkeit erfolgreich über lange Jahre fort.

Am Ende seines Lebens wurden ihm die oben genannten Bistümer übertragen, und er soll hoch betagt im Jahre 128 zum zweiten Mal gestorben sein.

An dieser Stelle wird er für den Ort Rodenkirchen interessant. Natürlich stritten die drei Städte darum, wer die sterblichen Gebeine des Bischofs innerhalb seiner Mauern begraben durfte. Neben dem frommen Wunschdenken spielte sicher auch das damit verbundene Ansehen der Stadt eine Rolle. Die Entscheidung darüber wurde letztendlich der göttlichen Fügung überlassen, indem man vereinbarte: Der Leichnam sollte am Kölner Ufer in einen segel- und führerlosen Kahn gebettet und dieser dann den Wellen des Rheins überlassen werden. Bliebe der Kahn am Kölner Ufer liegen, so hätten die Kölner gewonnen. Bewegte sich der Kahn mit der Strömung rheinabwärts, was natürlich gewesen wäre, dann dürfte Tongern triumphieren. Würde er sich rheinaufwärts bewegen, sollte Trier ihn bekommen. Es wäre keine Legende, wenn nicht gerade das Unwahrscheinliche eintraf. Das Boot trieb wunderbarerweise gegen die Strömung und strandete im Süden von Köln am linksrheinischen Ufer.

Die Kölner trauerten um „ihren" Maternus und errichteten an der Landungsstelle eine kleine Kapelle aus Fachwerk, die sie „Ruwenkirche" nannten (von ruwen = Trauer). Ob sich daraus der Name Rodenkirchen herleitet, ist nicht sicher, da eine andere Lesart die Herkunft in dem Verb „roden" sieht. Auf jeden Fall besitzt seither Rodenkirchen im Maternus seinen Ortsheiligen und Schutzpatron und in dem Nachfolgebau des „Kapellchens" sein Wahrzeichen.

Das Andenken an den hl. Maternus wird auch von der Kirche bis heute gewahrt. Lange Zeit gab es Pilgerfahrten nach Rodenkirchen, und vom 13. September (dem Todestag) bis zum 27. September hält man die so genannte Maternus-Oktav.

Unterm „Lüchbaum" wird kräfig „geklaav"

Gegenüber dem „Bootshaus Rodenkirchen" biegt vom Leinpfad ein kurzer Aufgang zu der höher gelegenen Straße ab. Auf einem kleinen Plateau steht eine von Ruhebänken umgebene Kaiserlinde, mit der es eine besondere Bewandtnis hat. An dieser Stelle stand bis 1988 eine 150 Jahre alte Scheinakazie. Unter ihrem Geäst versammelten sich des Sonntagsmorgens die Rodenkirchener „aal Hääre" (alte Herren), um sich den neuesten Klatsch zu erzählen. Wie es um den Wahrheitsgehalt der Geschichten bestellt war, verrät uns der Name des Baums: „Lüchbaum" (Lügenbaum) hieß er im Volksmund. Nachdem der in die Jahre gekommene Lüchbaum aus Altersgründen entsorgt worden war, stiftete eine Kölner Brauerei 1989 einen „Ersatz". Nach 16 Jahren stand der „Neue" 2006 einem Hochwasserschutztor

Treff der Alten: der „Lüchbaum"

Leinpfad am Rodenkirchener Campingplatz

im Wege und musste gefällt werden; eine Ersatzpflanzung an gleicher Stelle ist vorgesehen.

Etwa 100 m weiter verbreitert sich das Rheinufer mit leicht zum Fluss abfallenden Wiesen und Sandbänken zwischen den Kribben. Die Rheinwiesen werden jedes Jahr im Herbst zu einem riesigen Rummelplatz: Schon im Mittelalter feierten die Rodenkirchener hier ihre Maternus-Kirmes.

Weiter geht es über den Leinpfad und über die Wiesen, bis diese etwa 500 m hinter dem Hochhaus vor einem Zaun enden. Der Leinpfad führt nun dicht entlang des international bekannten Rodenkirchener Campingplatzes. Dahinter verfügen die Wassersportvereine über Gebäude und Freiflächen. Die Uferstraße endet hier. Ein Minigolfplatz wartet auf Kinder oder spielbegeisterte Erwachsene. Der Leinpfad taucht ein in den Auenwald des Weißer Rheinbogens.

An Sommerwochenenden zieht es viele an die Sandstrände der „Rodenkirchener Riviera"

Die Kölner entdeckten die ausgedehnten Rodenkirchener Rheinwiesen und feinen Sandstrände schon zur Wende des letzten Jahrhunderts als Freibad, als der Rhein noch ungetrübte Badefreuden versprach. Alte Fotos zeigen ein Strandbad, in dem Frauen und Männer durch eine Holzwand („Britz") streng voneinander getrennt, badeten. Im seichten Wasser schwamm sogar ein Restaurant „Zum Strandbad".

An warmen Tagen versteht man, warum die Kölner das Rodenkirchener Rheinufer „Riviera" tauften. Auf den Wiesen und auf Sandbänken lagern Familien umgeben von ausgepackten Picknicksachen. Auf dem Grill brutzeln die Bratwürste. Sportliche Sonnenanbeter spannen Netze auf und schwitzen bei Beach- und Federball. Die Kinder plantschen in dem seichten Wasser zwischen den Kribben oder bauen Sandburgen.

Der Rhein ist voller Leben: Lastkähne und Containerschiffe mit fremden Fahnen tuckern vorüber und schicken ihre Wellen an die flachen Sandstrände. Von den Schiffen der „Weißen Flotte" und von den kleinen Ausflugsschiffen dringen Musikklänge, und die Menschen winken herüber und zurück. Und gelegentlich wagt sich ein Schwimmer in die Fluten des Rheins. Übermütige oder Alkoholisierte haben ihren Leichtsinn bisweilen mit ihrem Leben bezahlt, sie unterschätzten die Soglöcher hinter den Kribben oder die starke Strömung.

VILLEN MIT GROSSER VERGANGENHEIT

Wer sich für Architektur interessiert, der sollte einen Blick auf ein Ensemble von fünf Villen aus der Bauhauszeit zwischen Uferstraße und der Straße Im Park werfen. Lassen Sie sich nicht täuschen: Die vier ersten Häuser an der Uferstraße sind neueren Datums und lehnen sich an ihre historischen Vorbilder an. Zwei der alten Villen liegen zum Teil etwas versteckt hinter Baumgrün und einer Mauer. Errichtet wurden sie zwischen 1929 und 1930 auf dem Grundstück eines Parks. Den Ideen von Corbusier verpflichtet sind die etwas höheren, schmalen, wegen des Hochwassers auf Stelzen gesetzten Häuser.

Unter den Bauherren waren auch Künstler dieser Zeit. Ihnen ist es zu verdanken, dass sich hier Häuser im Stil des so genannten „Neuen Bauens" durchgesetzt haben, denn die nationalsozialistischen Machthaber diffamierten die Villengruppe als „entartet". Einer der Bauherren war Heinrich Hußmann, der damals als Professor an den Kölner Werkschulen lehrte (Im Park 2). Seine Tochter hat sich im Obergeschoss des elterlichen Wohnhauses ihr Mal-Atelier eingerichtet und schwärmt von den lichtdurchfluteten Räumen. Der zweite Bauherr (Uferstraße 11), der Maler und Grafiker Professor Richard Seewald, lehrte von 1924 bis 1931 an den Kölner Werkschulen.

Neben anderen repräsentativen Villen an der Uferstraßenfront fällt der weiträumige Gebäudekomplex des Hauses Brüggelmann (Uferstraße 23-24) ins Auge. Das Gebäude wurde 1922 im anglo-amerikanischen Landhausstil errichtet.

Ein Stück weiter (Nr. 33) konnte man in einem Flachbau mit großen Glasfronten in den 1970er und 1980er Jahren des Abends einen der bekanntesten deutschen Fernsehjournalisten, den „Frühschoppen"-Moderator Werner Höfer, vor mehreren Bildschirmen sitzen sehen.

Baulicher Abschluss der Rheinuferpromenade ist ein siebzehn Stockwerke zählendes Hochhaus vor dem Äußeren Grüngürtel, der hier am Rhein endet.

▲ Villa im Bauhausstil: Uferstraße 11

DIE RODENKIRCHENER AUTOBAHNBRÜCKE IST „AUFGEHÄNGT"

Der große Bekanntheitsgrad Rodenkirchens weit über die Domstadt hinaus hat viel mit der nach dem Rheinort benannten Autobahnbrücke zu tun. Sie stellt eine wichtige Verbindung her zwischen den links- und den rechtsrheinischen Autobahnen, und sie wurde errichtet zwischen 1938 und 1941, als der Kölner Autobahn-Ring entstand.

Schaut euch die Zeichnung einmal genauer an: Die dickere, gebogene Linie oben ist eines der drei Stahlkabel, an denen die Fahrbahn aufgehängt ist. Jedes wurde aus 61 einzelnen Stahlseilen geflochten. Sie sind an den beiden Ufern fest verankert und liegen auf den Pylonen auf. Das sind die beiden hohen Pfeiler, die 60 m hoch in den Himmel ragen. Sicher habt ihr schon mal im Auto gesessen und bemerkt, dass sie aus Sicht der Autobahn wie Tore aussehen. Die Spannweite, das ist der Abstand zwischen diesen Pylonen, beträgt 378 m. Zur Zeit als die Brücke gebaut wurde, galt sie als die Hängebrücke mit der größten Spannweite Europas. Die dünneren, senkrechten Striche stellen die Tragseile dar. An ihnen ist die Fahrbahn aufgehängt. Stellt einmal fest, wieviele es sind!

In der Geschichte der Brücke gibt es zwei wichtige Ereignisse: Sie wurde bereits vier Jahre nach ihrer Fertigstellung, im Januar 1945, kurz bevor der Zweite Weltkrieg zu Ende ging, durch Fliegerbomben völlig zerstört. Von 1951 bis 1954 wurde sie originalgetreu wieder aufgebaut. Weil der Autoverkehr sich auf der zweispurigen Fahrbahn der Brücke häufig staute, bekam sie in den 1990er Jahren eine „Zwillingsschwester", man setzte einfach eine zweite Brücke daneben, die der ersten wie ein Ei dem anderen gleicht.

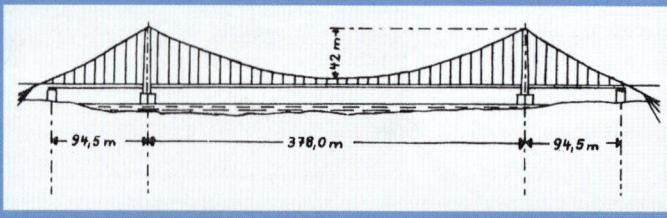

EIN VOGELFACHMANN „UNTERHÄLT" SICH IN FINKENS GARTEN MIT DER BLAUMEISE

ANFAHRT:
Mit dem Auto: Von Köln über die Rheinuferstraße in Richtung Rodenkirchen fahren. An dem Abzweig vor der Autobahnbrücke nach rechts auf die Militärringstraße. An der 2. Kreuzung nach links in die Straße „Zum Forstbotanischen Garten" einbiegen. Dann nochmals links in die Friedrich-Ebert-Straße. Die Nr. 49 ist der Eingang zu Finkens Garten.
Mit der Bahn: Stadtbahnlinie 16 bis Rodenkirchen. Von der Bahnstation ca. 800 m über die Friedrich-Ebert-Straße.
Mit dem Bus: Buslinie 131, Haltestelle Konrad-Adenauer-Straße; Buslinie 135, Haltestelle Schillingsrotter Straße.

Der Sonntagmorgen ist noch sehr jung, es ist gerade mal sechs Uhr. Eine Gruppe Frühaufsteher drängelt sich in Finkens Garten um den Ornithologen Achim Kemper. Er berichtet über Vogelstimmen. In einiger Entfernung pocht ein Specht. Nicht weil er nach Insektenlarven sucht, wie meist angenommen wird, so der Ornithologe, sondern er verschafft sich damit Gehör. Denn der Specht kann nicht zwitschern wie viele seiner Artgenossen.

▲ „Molche-Fänger" in Finkens Garten

Der Vogelfachmann „unterhält" sich mit einer Blaumeise. Er kennt über 80 verschiedene Vogelstimmen unserer Heimat und kann sie mit dem Mund und mit einer speziellen Pfeife täuschend echt nachahmen.

Das Ist nur elne der Attraktlonen, dle der ca. 5 ha große Naturerlebnisgarten am Rande Kölns bietet. Neben Spaziergängern, Gartenliebhabern, Naturinteressierten sind es vor allem Kinder, die hier Lehrreiches mit Spaß vermittelt bekommen. Lustig sind auch die Hinweislogos, die von der Rodenkirchener Künstlerin Gerda Laufenberg gemalt wurden. Jährlich suchen bis zu 7000 kleine Besucher diesen ungewöhnlichen Garten auf. Sie können die Natur hautnah beobachtend, riechend und tastend erleben. So entfalten in einem speziellen Duftgarten Pflanzen beim Reiben ein besonderes Aroma.

Oder es zieht die Kleinen zum Froschteich, um dem Quaken zu lauschen. Ein Imker vom Kölner Imkerverein erzählt am Bienenhaus vom Leben des Bienenvolkes. Mit eingebauten Kameras wird das Innere von Vogelbrutkästen gefilmt und für die Besucher „live" übertragen. Das Brüten, das Ausschlüpfen oder das Füttern kann am Bildschirm authentisch mitverfolgt werden. Die Tierwelt (Fauna) ist mit einer erstaunlichen Artenvielfalt hier vertreten. Rund 130 Vogel-, 74 Zikaden-, 447 Käfer- und 148 Schmetterlingsarten haben hier eine Heimat gefunden.

Es erstaunt daher nicht, dass die von der Stadt getragene Einrichtung 1998 Hauptpreisträger des Naturschutzwettbewerbs des Bundes und der Länder wurde. Und 2005 zeichnete die Deutsche Unesco-Kommission sie auf der DIDAKTA in Stuttgart als Projekt „Bildung für nachhaltige Entwicklung" aus.

BLUMENPRACHT IM FORSTBOTANISCHEN GARTEN UND BÄUME AUS ALLER WELT IM FRIEDENSWALD

ANFAHRT:
Mit dem Auto: Von Köln kommend zunächst wie zu Finkens Garten. Die Friedrich-Ebert-Straße aber überqueren und weiter bis zur Schillingsrotter Straße fahren. Hier rechts einbiegen, nach 50 m geht eine Zufahrt zu einem großen Parkplatz ab. Von dort den Fußweg zwischen Wald und Wiesengelände bis zum Seiteneingang des Forstbotanischen Gartens nehmen (400 m).
Mit Bus und Bahn: Wie zu Finkens Garten. Der Friedrich-Ebertstraße aber folgen bis zur Kreuzung mit der Straße Zum Forstbotanischen Garten. Hier geht ein breiter Weg zum Haupteingang ab (ausgeschildert).

Einheimische wie auswärtige Besucher kommen gerne und regelmäßig zum Forstbotanischen Garten, im Dreieck zwischen Rodenkirchen, Hahnwald und Autobahn gelegen. In dieser 1960 künstlich geschaffenen Anlage erleben sie eindrucksvoll die biologischen Jahreszeiten. Im Frühjahr begeistern vor allem die Kirsch- und Azaleenblüten im japanischen Teil und die Blütenfülle der Pfingstrosen. Oder man kann die Rhododendronschlucht hinabsteigen, auf deren Grund ein kleiner Wasserbach plätschert. Der Herbst verfärbt besonders die Fächerahorne und Kuchenbäume. Rund 4000 Baumsorten wurden seit Schaffung der Anlage gepflanzt. Das Zentrum des Naturerlebnisgartens bildet eine Brunnenanlage mit Wassersprudel aus drei ausgedienten Basaltmühlsteinen. Hier und dort schlägt ein farbenprächtiger Pfau wichtigtuerisch sein Rad.

▼ Im Forstbotanischen Garten

Das sich südwestlich des Forstbotanischen Gartens ausbreitende Gebiet trägt die Bezeichnung „Friedenswald". In den 1980er Jahren pflanzte man eine Auswahl von typischen Bäumen und Sträuchern – mit Ausnahmen von nicht winterfesten, tropischen Gewächsen – aus den Staaten, zu denen die BRD damals diplomatische Beziehungen unterhielt.

Auf weitflächigen Wiesen und auf einem riesigen Sandplatz können sich die Kinder nach Herzenslust tummeln oder Drachen steigen lassen. Ein künstlicher angelegter Berghügel dient ihnen im Winter als Schlittenhang.

Hahnwald gilt als Oase der Reichen

Anfahrt:
Mit dem Auto: Autobahn: AB 555 Richtung Bonn, erste Abfahrt (Rodenkirchen) führt auf die Bonner Landstraße. Nach links bis zum Ober Buschweg, hier rechts einbiegen. Von dieser Straße führt links die Straße Am Zehnpfennighof ab.
Landstraße: Von der Rheinuferstraße zur Militärringstraße, nach links in die Straße Zum Forstbotanischen Garten einbiegen. Bis Friedrich-Ebert-Straße, nach rechts zur Bonner Landstraße.
Mit Bus und Bahn: Stadtbahnlinie 16 bis Rodenkirchen Bahnhof, umsteigen in Bus Linie 135 bis Hahnwald.

Hahnwald haftet der Ruf an, eine Oase der Wohlbetuchten zu sein. Die Besiedlung des kleinen Villenvororts erfolgte in drei Stufen. Bereits um 1800 existierte der Hermannshof, der früher „Zehnpfennighof" hieß.

In den 20er Jahren des vorigen Jahrhunderts errichteten Ernst Leybold und Theodor Merrill in der Gegend des heutigen Ortes Hahnwald die ersten großzügigen Villen, nachdem im benachbarten Marienburg die Grundstücke ausgegangen waren. Merrill, einer der maßgeblichen Architekten der Marienburg-Bebauung entwarf damals bereits die ersten Villen im Stil des

▲ Das „Nonnenhäubchen",
Am Zehnpfennighof 9

„Neuen Bauens". Die eigentliche Ortsgründung und Namensgebung Hahnwalds erfolgte aber erst viel später im Jahre 1949. Die dritte Bauphase begann ab 1970, als der Großteil der heutigen Villen erbaut wurde.

Der Name Hahnwald leitet sich übrigens nicht von „Hahn" ab, sondern von Hain(= Wald). Bezeichnend für das „zweite Marienburg" sind Villen jeglichen Stils in zumeist ausgedehnten Gartenanlagen.

Sehenswert ist das Haus Klöckner (Am Zehnpfennighof 22), von dem Architekten Joachim Schürmann 1967 errichtet, das stilistisch dem Bauhaus verpflichtet ist. Als interessantes Beispiel der Moderne gilt das Haus Am Zehnpfennighof 9, das von Peter Neufert im Jahre 1962 gebaut wurde, es wird wegen seiner eigenwilligen Form auch „Nonnenhäubchen" genannt.

Allgemeine Informationen
Stadt Köln/Bezirk 2 Rodenkirchen
Hauptstraße 85 / 50996 Köln-Rodenkirchen
Bürgeramt / Tel. 0221-221-92 330
Landkarte: Stadtbezirk 2 (kostenlos)

Restaurants mit Außengastronomie
Quetsch – Rodenkirchener Brauhaus www.brauhaus-quetsch.de
Hauptstraße 7 und Aufgang vom Leinpfad / 50996 Köln-Rodenkirchen
Tel. 0221-39 23 76 / überdachter Biergarten mit Rheinblick

Zum Treppchen
Kirchstraße 15 / 50996 Köln-Rodenkirchen / Tel. 0221-39 21 79
uraltes Gasthaus von 1656 mit großem, wetterunabhängigen Biergarten

Fährhaus
Steinstraße 1 / 50996 Köln-Rodenkirchen / Tel. 0221-935 99 69
große Freiterrasse mit Rheinblick, mediterrane Küche, frische Fischgerichte

Wippenbekk und Bierbud www.wippenbekk.de
Karlstraße 7 und Aufgang vom Leinpfad / 50996 Köln-Rodenkirchen
Tel. 0221-935 31 50
gestufte Terrassen an der Rheinuferfront, die „Bierbud" ist der „in"-Treff für Radler

Sala Rim Naam
Uferstraße 63 / 50996 Köln-Rodenkirchen / Tel. 0221-935 68 12
thailändisches Restaurant am Campingplatz mit kleiner Sonnenterrasse

Bootshaus Rhein-Roxy www.cult.party.de
Heinrich-Lübke-Ufer / 50996 Köln-Rodenkirchen / Tel. 0221-39 56 07
großzügige Terrassen-Außenanlagen, Fr-Sa Cult-Partys von 20-5 Uhr ab 30 Jahre

Bootshaus Alte Liebe www.bootshaus-alte-liebe.de
Rodenkirchener Leinpfad / 50996 Köln-Rodenkirchen / Tel. 0221-39 23 61
traditionelles „in"-Lokal für Treffs; große Deckterrasse mit Aussicht auf Kölner
und Rodenkirchener Rhein-Panorama, bürgerliche und italienische Küche

Bootshaus Albatros www.bootshaus-albatros.de
Rodenkirchener Leinpfad / 50996 Köln-Rodenkirchen / Tel. 0221-350 85 89
Heck- und Bugterrasse, gediegenes Restaurant, Fischspezialitäten

MS Bootshaus Rodenkirchen
Rodenkirchener Leinpfad / 50996 Köln-Rodenkirchen / Tel. 0221-39 51 84
umgebautes Braunkohlefrachtschiff mit kleiner Deckterrasse auf Nordseite,
beliebter Treff für einen „Kaffeeklatsch"

Restaurant Delphi
Lucas-Cranach-Straße 4 / 50999 Köln-Rodenkirchen / Tel. 0221-35 42 86
vorzügliche Griechische Küche, große Frei-Terrasse im „Malerviertel"

Freizeitanlagen
Rodenkirchener Riviera entlang der Rhein-Uferstraße ausgedehnte Sand- und Wie-
senflächen mit Baumbestand / Spielplatz mit Spielgeräten, am Ende der Wiese ein
Grillplatz, parken entlang der Uferstraße

Minigolfplatz
am Ende der Uferstraße / 50996 Köln-Rodenkirchen / Tel. 0178-246 05 85
Der Platz hat 18 Bahnen.
Öffnungszeiten: Mo-Fr ab 13 Uhr, Sa ab 12 Uhr, So ab 10 Uhr

Forstbotanischer Garten und Friedenswäldchen
forstbotanischer-garten@netcologne.de
50996 Köln-Rodenkirchen / zwischen Friedrich-Ebert-Straße, Zum Forstbotanischen
Garten und Schillingsrotter Straße. Der Parkplatz an der Schillingsrotter Straße ist
kostenfrei.
Tel. Mo-Fr: 0221-35 43 25 / Führungen 1. Mi im Monat 14.30 Uhr und 3. Sa im Monat
15 Uhr, Hunde- und Radfahrverbot, Fahrradständer an den Eingängen

Finkens Garten bernd.kittlass@stadt-koeln.de
Friedrich-Ebert-Straße 49 / 50996 Köln-Rodenkirchen
Tel. Mo-Fr 7.30-8.30 Uhr: 0221-285 73 64
Öffnungszeiten: tgl. 9-18 Uhr, Gruppen Mo-Fr nach tel. Voranmeldung, Eintritt frei,
natur- und jahreszeitlich abhängige Sonderveranstaltungen, Tage der „offenen Tür"
im Bienenhaus: Tel. 0221-500 32 93

Camping Berger www.camping-berger-koeln.de / camping.berger@t-online.de
Uferstraße 71 / 50996 Köln-Rodenkirchen / Tel. 0221-935 52 40
größter Campingplatz Kölns mit Hotel und Restaurant,
Sonnenterrasse und Biergarten

Rodenkirchener Ruderclubs

Kölner Ruderverein von 1877 e.V.
Barbarastraße 45 / 50996 Köln-Rodenkirchen / Tel. 0221-39 29 86
angeschlossenes Restaurant mit Rheinblick

Kölner Rudergesellschaft 1891 e.V. www.koelner-rudergesellschaft-1891.de
Uferstraße 16 / 50996 Köln-Rodenkirchen / Tel. 0221-39 38 54
angeschlossenes Restaurant El Galeon mit Rheinblick

Rhein-Kanu-Club Köln e.V. von 1923
Uferstraße 79 / 50996 Köln-Rodenkirchen / Tel. 0221-39 24 31
Landesleistungsstützpunkt für Wildwasser

Kanu Club Grün-Gelb e.V. www.kcg.de
Uferstraße 81 / 50996 Köln-Rodenkirchen / Tel. 0221-39 24 32

Beförderungshinweise

Kölntourist www.koelntourist.net
Ausflugsschiffe zwischen Köln – Rodenkirchen – Porz – Köln und Tagesfahrten Köln –
Linz – Köln. Konrad-Adenauer-Ufer / 50668 Köln / Tel. Fahrplanauskunft: 0221-12 16 00
Tel. Info Sonderschiffe: 0221-12 17 14; Anlegestelle in Höhe „Am Treppchen"

3. Weiß / Sürth / Godorf Rondorf / Meschenich / Immendorf

Bis zu ihrer Eingemeindung nach Köln 1975 als Teil des Stadtbezirks 2 gehörten diese Orte der Gemeinde Rodenkirchen an. Die jungen Stadtteile halten auch heute noch am dörflichen Charakter fest mit Dorfgemeinschaftsvereinen und traditionellen Sitten und Bräuchen. Große Hofgüter wurden zu attraktiven Wohnanlagen umgebaut wie in Rondorf oder in Restaurantbetriebe wie in Sürth der „Falderhof" und in Immendorf der „Bitzerhof". Daneben bestimmen immer noch viele Kleingehöfte und alte Backsteinhäuschen die Ortsbilder. Die Lage am Rhein umgeben von ausgedehnten Auenlandschaften machen Weiß und Sürth zu bevorzugten Wohngegenden und beliebten Ausflugszielen. Godorf wird stark von der ansässigen Petrolchemie bestimmt. Bekannt wurde es aber in erster Linie durch den Möbelkonzern „IKEA", die Kinder zieht es neuerdings in die Nachbarschaft des Möbelgiganten, ins „Tobiland".

Kuhweide im
Weißer Rheinbogen
▼

IM WEISSER RHEINBOGEN GIBT ES NATUR PUR DIREKT VOR DER HAUSTÜR – EINE WANDERUNG

ANFAHRT:
Mit dem Auto: Von Köln über die Rheinuferstraße Richtung Köln-Rodenkirchen. Unter der Autobahnbrücke hindurchfahren und kurz dahinter nach links in die Rodenkirchener Hauptstraße einbiegen. An der ersten größeren Straßenkreuzung nach links über die Barbarastraße zur Rheinuferstraße. Diese bis zum Ende durchfahren. Hier parken.

Die Wanderung beginnt am Ende der Rodenkirchener Uferstraße. Den breiten Fahrweg nehmen, der geradewegs in den Wald führt. Er kreuzt nach 700 m einen landwirtschaftlichen Fahrweg (Ludwigstraße). Ihm nach rechts folgen. Auf der linken Seite innerhalb eines eingezäunten länglichen Areals liegt die „Brunnengalerie". In zehn Brunnen wird hier Grundwasser gewonnen und über Pipelines zur Weiterverarbeitung in das Wasserwerk nach Hochkirchen geleitet.

▲
Pferdekoppel im Weißer Rheinbogen

An der nächsten Wegkreuzung nach links abbiegen. Es geht 1 km geradeaus, vorbei an Feldern und Pferdekoppeln bis zu einer kleinen Parkfläche am Rhein mit einem Bildstock und Ruhebänken unter schattigem Laubdach. Die Stelle ist ein beliebtes Rastziel. Radfahrer warten auf die Fähre, die von der Anlegestelle am

▲
Am Fähranleger, Weiß

Leinpfad nach Zündorf übersetzt. Ein Stück rheinaufwärts liegen die Gebäude und die Koppeln des Pflasterhofs von Weiß.

Auf dem Rückweg führt der Leinpfad im ersten Abschnitt dicht am Fluss entlang. Links des Weges erstrecken sich Felder, Wiesen und Koppeln mit weidenden Pferden. Einen reizvollen Anblick bietet das gegenüberliegende Porzer Rheinufer, und von den Ruhebänken entlang des Leinpfades aus lassen sich die vorüberziehenden Lastschiffe und Ausflugsschiffe betrachten.

Nach etwa 1 km tritt der Leinpfad in den Auenwald ein, hier gabelt sich der Leinpfad in einen Fuß- und einen Radweg. Zwischen der Uferböschung immer wieder kleine Sandflächen zum Ausruhen, Picknicken oder Spielen. Nach weiteren 1,5 km ist der Ausgangspunkt wieder erreicht.

PAPPELWALD UND PFERDEKOPPELN

Jeder kennt das geografische Phänomen der Mosel-schleifen. Dass der Rhein ähnliche Eigen-willigkeiten aufweist, zeigt der Weißer Rheinbogen. Hinter Wesseling wendet sich der Fluss nach Osten. Auf der anderen Rheinseite bei Porz überlegt er es sich und dreht in die entgegen-gesetzte Richtung nach Westen ab, um hinter Rodenkirchen wieder seine „Normalrichtung" einzuschlagen.

Während auf der Porzer Seite hohe Ufer-mauern bei Hochwasser die Wassermassen bändigen, ist die Fläche des Weißer Rheinbogens den Überschwemmungen ausgeliefert. Ein Glück, denn sie ist nicht bebau-bar, und so bleibt hier ganz in Stadtnähe ein Stück unverfälschter Natur er-halten.

Das Landschaftsschutzgebiet wird auf rund 100 ha landwirtschaftlich ge-nutzt und rund 250 ha bestehen aus Waldfläche. Dieser Wechsel von Fel-dern, Wiesen und Waldstücken macht den besonderen Reiz des Weißer Rheinbogens aus. In seinem Buch „Pan und die Engel" schreibt der Kölner Schriftsteller Dieter Wellershoff euphorisch: „Man fährt hindurch und ist in einer anderen Welt. Die Stadt ist mit einem Mal vergessen."

Auf immer noch einsamen Pfaden treten sich Jogger und Spaziergänger nicht auf die Füße, die Reiter haben ihre eigenen Wege, und Inlineskater und Radfahrer bevorzugen den asphaltierten Leinpfad.

Der Auenwald des Weißer Rheinbogens besteht vorwiegend aus hoch auf-geschossenen Hybrid-Pappeln mit spindelförmigen Kronen. Sie wurden um 1950 gepflanzt, vor allem aus dem Grund, weil sie besonders schnell wach-sen. Im Laufe der Aufforstung sind auf Versuchsflächen viele Experimente mit unterschiedlichen Pappelsorten unternommen worden. Das sind die Stellen, wo die Bäume in gerader Ausrichtung und mit gleichem Abstand stehen. Eine Pappelart ist schon eingegangen, der unvermeidliche Kahl-schlag setzte ein. Die neuen Setzlinge sind Esche, Spitzahorn und Buche. Ein Gewächs gedeiht auf dem nitrathaltigen Boden besonders üppig: die ungeliebte Brennnessel. Aber man tut ihr Unrecht, denn sie ergibt ein gutes Biotop für allerlei Kleingetier, vor allem für seltene Schmetterlinge. Zwischen den Bäumen wächst Gestrüpp aus Holunder, Weiden und Hasel-nuss.

WEISS: PUTZIGE FISCHERHÄUSCHEN, EIN RAMPONIERTER NEPOMUK UND EINE SCHÖN AUSGEMALTE, ALTE KAPELLE

ANFAHRT:
Mit dem Auto: Von Köln über die Rheinuferstraße bis Rodenkirchen. Unter der Autobahnbrücke hindurch fahren und an der nächsten Gabelung links in die Rodenkirchener Hauptstraße einbiegen. Immer geradeaus halten, sie wird fortgeführt als Weißer Hauptstraße. In Weiß biegt sie im rechten Winkel in die Straße Auf der Ruhr ab. Nicht abbiegen, sondern geradeaus in Richtung Rhein fahren. Links liegt ein großer Parkplatz. Von hier nur wenige Schritte zum Rhein.
Mit Bahn und Bus: Stadtbahnlinie 16 bis Sürth, umsteigen in Buslinie 130 oder 131 bis Weiß.

Zu Beginn des 20. Jahrhunderts bestand der Ort Weiß nur aus einem kleinen Gebiet, das sich entlang der Straße Auf der Ruhr und parallel zum Rhein von der kurzen Alten Rheinstraße bis zum Pflasterhof erstreckte. Hier reihen sich auch heute noch die putzig wirkenden, ein- bis zweigeschossigen Giebelhäuschen der Fischer und Landarbeiter aus dem 19. Jahrhundert aneinander. Im alten Ortskern auf der Weißer Hauptstraße findet man auch zwei Restaurants mit Biergärten: „Zur alten Post" und „Zum Kapellchen".

Mit dem Besuch der St. Georgskapelle einige Schritte vom Rhein entfernt, beginnt der kleine Rundgang. Die Kapelle ist täglich geöffnet, und man sollte unbedingt einen Blick in das schön gestaltete Innere werfen.

Man überquert den Spielplatz mit einer Riesenschildkröte aus Bronze. Sie ist eine Arbeit des in Weiß lebenden Bildhauers Elmar Hillebrand, der die Skulptur den Bewohnern seines Heimatortes schenkte.

An den Platz schließt sich das Gelände des Weißer Kinder- und Jugendzentrums an. Das „Haus der offenen Tür" stellt für Kinder und Jugendliche ein breit gefächertes Angebot bereit und verfügt über einen eigenen Fußballplatz, eine Spielburg und eine Skaterbahn. Von hier sind es nur wenige Schritte

Hübsches Kleinod: St. Georgskapelle

Eine Riesenschildkröte zum Besteigen

Mit dem „Krokodil" hinüber nach Zündorf

Pferdekoppel am Weißer Pflasterhof

zu der neueren katholischen Pfarrkirche St. Georg. Wie es sich für einen richtigen Rheinort gehört, dient sie auch als Schifferkapelle. An der Außenwand zum Rhein ist ein Altar angefügt, der besonderen Anlässen wie Prozessionen dient. Gegen die Witterung schützt das weit hervorragende Kirchdach, abgestützt von zwei efeuumrankten Betonsäulen.

Wen es jetzt nach einem Cappuccino oder die Kinder nach einem Eis gelüstet: Ganz in der Nähe, Auf der Ruhr Nr. 63 befindet sich ein kleines italienisches Straßencafé.

Zurück über einen Treppenweg zum Rhein hinunter geht man auf dem Leinpfad ein Stück rheinabwärts bis zum nächsten Treppenaufgang, der wieder auf die Sackgasse der Weißer Hauptstraße führt. Am Treppenaufgang steht eine Statue des hl. Nepomuk. Geht man von hier noch einige 100 m weiter rheinabwärts, so stößt man auf die Fähranlegerstelle der Personenfähre Weiß-Zündorf. Ihr gegenüber im Gelände liegt der besonders geschichtsträchtige Pflasterhof, den man über die Fahrstraße Am Treidelweg von dem kleinen Parkplatz aus erreicht. Mit „Pflaster" hat der Name nichts zu tun. Er leitet sich ab von „Plasserhof", wie das Gut früher hieß. Auf einer alten Urkunde von 1263 steht es schwarz auf weiß: Hier waren im Mittelalter die Ritter zu Hause. Die ersten in einer langen Reihe adeliger Besitzer waren zwei Brüder, die Ritter Heinrich und Reinhart von Wisse. Deren Name liegt der heutigen Ortsbezeichnung zugrunde.

Woher der „Pumuckel" seinen Namen hat

Wisst ihr, woher der lustige Name „Pumuckel"
kommt? Ihr wisst schon: der kleine Kobold,
der so gerne Streiche macht. Man nannte
ihn nach einem Mann, der Johannes
Nepomuk hieß. Der war zu der Zeit als
er lebte genau so beliebt wie heute der
kleine Pumuckel. Dieser Mann hieß
eigentlich Johannes Welfin. Aber weil er
in einem Ort in Böhmen auf die Welt kam,
der Pomuk heißt, hat man ihm den Beinamen
„Nepomuk" gegeben, denn das „ne" (lat.) heißt
„geboren". Er war vor langer, langer Zeit, nämlich im 14. Jahrhundert ein
berühmter Theologe und Jurist in Prag. Dort herrschte der König Wenzel.
Johannes Nepomuk, so hieß es, war in seiner Amtsausübung unbestechlich,
und daher war er bei dem Volke und bei den Kirchenleuten sehr beliebt.
Der Erzbischof von Prag ernannte ihn sogar zu seinem Privatsekretär. Und am
Hof des Königs durfte er der Königin die Beichte abnehmen. Da passierte es,
dass König Wenzel Streit mit seiner Frau Gemahlin bekam. Um zu erfahren,
was die Königin im Sinn hatte, wollte der König von Nepomuk wissen, was
seine Frau ihm gebeichtet hatte. Der weigerte sich aber standhaft. Nie und
nimmer würde er das Beichtgeheimnis verletzen. König Wenzel ließ ihn daraufhin foltern, um ihm zu entlocken, was die Königin ihm anvertraut hatte.
Aber der gottesfürchtige Nepomuk schwieg beharrlich. Da ließ der wütende
König ihn fesseln und von einer Prager Brücke in den Fluss Moldau werfen.
Nepomuk ertrank jämmerlich. Die Geschichte des Johannes Nepomuk endet
damit, dass er 1729 wegen seiner Festigkeit im Glauben heilig gesprochen
wurde. Seitdem gilt der hl. Nepomuk als Schutzpatron der Flößer, Schiffer
und Brückenbauer.
Ihr findet seine Statue auf vielen Brücken oder an Flussufern. Während er in
der linken Hand oft ein Palmblatt hält, legt er einen Finger der rechten Hand,
manchmal auch ein kleines Kreuz, auf seine Lippen. Ihr wisst warum?
Richtig! Das bedeutet „leise sein" oder schweigen. Gemeint ist hier das
Beichtgeheimnis, dass niemals gebrochen werden darf. Der Nepomuk schaut
wehmütig-traurig mit leicht geneigtem Kopf nach unten. Worüber er wohl
nachdenken mag?
Die Nepomuk-Statue auf einer Mauer am Weißer Rheinufer ist schon ziemlich
ramponiert. Ursprünglich stand sie am Südportal des Kölner Doms. Der fein-
porige Kalkstein, aus dem sie gehauen ist, war den Einwirkungen des Krie·

ges und der zunehmenden Luftverschmutzung nicht gewachsen. Deshalb wurde die Figur 1956 „ausgemustert" und später durch eine Kopie der alten Statue ersetzt. Das stark beschädigte Original landete als Arbeitsmaterial bei dem Weißer Bildhauer Elmar Hillebrand. Um 1990 entsannen sich die Weißer der geschichtsträchtigen Figur, die noch immer in Hillebrands Garten lagerte und gaben ihr einen passenden Standort auf einem Betonsockel der Rhein-ufermauer.

WEISSER RENOVIERTEN UND MALTEN „IHRE" ST. GEORGSKAPELLE SELBER AUS

Genaueres aus früher Zeit weiß man nicht, nur dass 1433 an dieser Stelle ein kirchliches Gebäude errichtet wurde. Aber zu Beginn des 18. Jahrhundert stand hier ein einfacher rechteckiger Bau mit einem schmalen Chörchen und einem flachen Dach. Die Wände waren auch damals schon aus Bruchsteinen und Ziegeln gemischt.

Im Zweiten Weltkrieg wurde das Gotteshaus bis auf die Grundmauern zerstört. Als man die Kapelle 1965 wieder aufzubauen begann, nahm man gleiche Steine für das Mauerwerk wie zuvor. Aber statt des flachen entschied man sich für ein verschiefertes Satteldach.

Die neue Kapelle wurde jedoch bald wieder durch Witterungseinflüsse stark beschädigt. In einer beispiellosen Aktion von Eigeninitiative renovierten 1982 Weißer Dorfbewohner das Gebäude. Der Weißer Bildhauer Elmar Hillebrand übernahm die Leitung der Innenraumausgestaltung. Dabei lehnte er sich an die Farben und den Stil von Wandmalereien an, wie man sie in Italien im 14. Jahrhundert liebte. An der Eingangswand seht ihr die im Bau befindliche Arche Noah. Der Hintergrund stellt Weiß dar. Das Fresko hat der Sürther Künstler Teo Heiermann gemalt. Das Bild auf der gegenüberliegenden Seite zeigt den hl. Christophorus vor der Weißer Rheinfront, gestaltet von Anna M'barek, der Tochter von Elmar Hillebrand.

Die fünf Fresken auf der Bogenwand vor dem Altarraum und das Deckenbild hat Hillebrand zusammen mit Weißer Laien-Malern geschaffen. Die kleinen Figürchen im Altarraum oben an den Konsolsteinen stammen ebenfalls von dem Bildhauer.

Weil Weiß einmal ein richtiges Fischerdorf war, mussten auch die Schiffer ihr Symbol bekommen. Habt ihr es schon entdeckt? Es ist das originale Steuer-rad eines alten Rheinschiffes.

IN DEM EINSTIGEN WEINDORF SÜRTH WIRD AUCH HEUTE NOCH GEKELTERT

ANFAHRT:

Mit dem Auto: Von Köln über die Rheinuferstraße bis Rodenkirchen. Unter der Autobahnbrücke hindurchfahren und an der nächsten Gabelung auf der nach rechts verlaufenden Straße bleiben. Geradeaus fahren, vorbei an Michaelshofen bis vor eine Aral-Tankstelle. Auf der mittleren Straßenspur bleiben, an der Tankstelle vorbei und 50 m dahinter nach rechts in die Heinrich-Erpenbach-Straße einbiegen, die am Sürther Bahnhof endet. Von der Kreuzung vor dem Bahnhof aus führt die kurze Falderstraße zu einem großen Parkplatz an der Sürther Hauptstraße im alten Ortszentrum von Sürth.

Mit der Bahn: Stadtbahnlinie 16 bis Bahnhof Sürth.

Auf einer alten Ortskarte von 1800 besteht Sürth nur aus einer Ansammlung von Hofanlagen in der Gegend der Falderstraße, der Sürther Hauptstraße und Am Rheinufer. Auf dem zentralen Platz, wo jetzt die Autos parken, begann die Geschichte Sürths: Seit 1067 stand hier als älteste Anlage der Fronhof. Die letzten Gebäudereste wurden erst entfernt, als man 1965 den Platz anlegte. Jetzt bestimmen des Freitags die bunten Stände der Marktbeschicker das Bild. Und am 1. Mai wird hier in einem Festzelt alljährlich die Mai-Königin gekrönt.

Längs des Platzes führt die Fronhofstraße zur Rheinaue. Links liegen die Gebäude und Spielgelände des Sürther Jugendhauses, eine Offene-Tür-Einrichtung für behinderte und nichtbehinderte Kinder und Jugendliche.

Die Straße geht in das „Rheinpfädchen" über, das zum Leinpfad und dem pappelüberschatteten Rheinufer führt. Nach links breiten sich auf dem Gelände eines ehemaligen toten Rheinarms ein Sportplatz und eine große Spiel- und Liegewiese aus. Für die Kinder ist eine Seilbahn die Hauptattraktion, auf der sie wie Tarzan an einem 20 m langen Seil durch die Luft schweben. Daneben gibt es Rutschen, Klettergerüste, eine Tischtennisplatte, einen kleinen Fußballplatz, alles, was die Voraussetzung für ein gelungenes Familienpicknick mit Kindern bildet.

Auf dem erhöhten Uferbereich stand bis 1956 der Keltershof, ein Weingut, das bis zur Wende zum 19. Jahrhundert den Zisterziensermönchen aus Altenberg gehörte. Seit 1550 wurden hier Weinreben aus Lagen zwischen Sürther Haupt-

▲ Spielwiese am Rhein vor Sürth

straße und Rhein gekeltert und abgefüllt. Der „Mönchsgüter Riesling"
war eine weithin bekannte Weinsorte. Auch heute gibt es noch Sürther,
die in dem ehemaligen Anbaugebiet einen Weingarten besitzen. Der
„Sürther Johannisgrund", ein lieblicher Spätburgunder des Hobby-Wein-
gärtners Jöppi Espey, bringt es auf eine beachtliche Qualität.

DER SÜRTHER FALDERHOF BELIEFERTE KÖLN MIT PASTEURISIERTER MILCH

ANFAHRT:
Mit dem Auto: Wenn man vom Parkplatz aus die Sürther Hauptstraße überquert und in die
Falderstraße in Richtung Bahnhof geht, passiert man den unmittelbar an der Falderstraße
liegenden Gebäudekomplex des Falderhofs, Falderstraße 29.

Bereits um 1280 taucht in Urkunden der Name „Falldderhoff" auf, wobei das „Fallder" (=Falltor) auf einen befestigten Hof hinweist. Gegen Ende des 19. Jahrhunderts wurde die Hofanlage von ihrem damaligen Besitzer zu einer Milchwirtschaft ausgebaut. In dem kleinen Gebäude mit barocken Stilelementen rechts des Hoftors lagerte die Milch in einem tiefen,
kühlen Keller, der mit Lüftungsschächten ausgestattet war. Mit rund 40
Pferdegespannen wurde die Milch nach Köln und Umgebung transportiert. Heute sind Teile des Hofs in ein Hotel umgewandelt. In einer Vitrine
des Empfangsraums, der früher zu den Kuhställen zählte, sind noch einige Milchflaschen ausgestellt mit der Aufschrift „Sugg'sche Sanitätsmilch-
wirtschaft". In dem Gebäudeteil des Hofs, wo sich früher der überdachte
Misthaufen befand, frühstücken heute die Hotelgäste. Das nördliche Gebäude, das ehemalige Herrenhaus des
Falderhofs aus dem 17. Jahrhundert,
nimmt das stilvolle Restaurant „Altes
Fachwerkhaus" auf, in dem man unter
schattigem Laubdach auch im Freien
speisen kann.

▼ Teile des Falderhofes sind heute
Restaurant

Auf dem Gelände nördlich des Hofs
dehnt sich ein nach englischem Vorbild
angelegter Park aus mit zwei weiteren
historischen Gebäuden. Durch eine breite
Toreinfahrt erblickt man im Hintergrund
halb versteckt das ehemalige Kutscherhaus des Großbauern. Und um 1900
ließ sich der Falderhof-Besitzer die luxu-
riös ausgestattete Villa im vorderen Be-

▶ Der Sürther Falderhof um 1926

reich des Parks errichten: mit Erkern und Giebeln, einem Turm zur Nordseite und mit weißer Putzfassade und Stuckgliederungen.

Am Ende der kurzen Falderstraße stößt
man auf den Sürther Bahnhof. Als nach zweijähriger Bauzeit 1906 die neue Rheinuferbahn
ihre Jungfernfahrt von Köln nach Bonn antrat,
gab es für Sürth zum ersten Mal eine Anbindung an die Großstadt Köln. Der kleine Bahnhof ist als letzter seiner Art aus „Kaisers Zei-

▲
Neueres Herrenhaus des Falderhofs

ten" im Kölner Stadtgebiet übrig geblieben. Doch die moderne Zugab
wicklung bedarf heute nicht mehr eines herkömmlichen Bahnhofs, und
so ist die Zukunft dieses Kleinods höchst ungewiss. Heute beherbergt es
neben einer Bahnhofschänke in einem Nebenbau den renommierten
Kunstraum Fuhrwerkswaage.

Von der Kreuzung vor dem Bahnhof führt die Bahnhofstraße im Bogen
auf die Sürther Hauptstraße. Auf der linken Straßenseite liegen die Gebäude des gut erhaltenen Mönchshofs. Man biegt von der Straße in Höhe
des Gutes nach links in einen Weg ein und gelangt auf die Zufahrt zum
Hof. Von dieser Stelle aus sieht man, dass die Toreinfahrt dem Portal der
St. Remigiuskirche genau gegenüberliegt. Die Eingänge sind verbunden
mit einer alten, grob mit Rheinkieseln gepflasterten, schnurgeraden Kopf-
lindenallee, die durch eine Kuhweide hindurchführt. Die interessante Geschichte der katholischen Pfarrkirche St. Remigius ist eng verknüpft mit
der des Mönchshofs.

MÖNCHSHOF UND ST. REMIGIUS IN SÜRTH – WIE VATER UND TOCHTER

Die neuklassizistische Pfarrkirche St. Remigius an der Sürther Hauptstraße mit ihrer geschweiften, patinagrünen Kupferhaube und der offenen „Laterne" gilt als Wahrzeichen Sürths. Eine Inschrift am Portalsinneren nennt ein Ehepaar Brewer (=Breuer) als Stifter der Kirche.

Peter Andreas Breuer, ein Hofassessor am erzbischöflichen Gerichtshof und Rechtsprofessor in Köln hatte um 1800 den Mönchshof erworben.

Mit 68 Jahren heiratete er die 30 Jahre jüngere Maria Juliana von Haupt, eine Liebesheirat, wie es sich zeigte: Es verband sie die gemeinsame Liebe zur Kunst. Noch im Hochzeitsjahr begann das Paar mit den Vorbereitungen zum Bau einer Kirche. „Ihre" Kirche sollte mit ihrem Wohnsitz, dem Mönchshof, eine Einheit bilden, „Tor an Tor" liegen. Schon nach zweijähriger Bauzeit wurde sie 1830 eingeweiht. Als Namenspatrone mussten die beiden Vornamen Breuers herhalten. Die in Stein gehauenen Aposteln Petrus und Andreas blickten 100 Jahre lang von oben herab auf den Kirchvorplatz, ehe sie wegen starker Korrosionsschäden entfernt wurden. Im Jahr 2000 ersetzte man sie durch zwei neue Skulpturen, die der Sürther Bildhauer Matthias Heiermann geschaffen hat.

Die Baugeschichte von St. Remigius weist ein Kuriosum auf: Zufällig wurde zur Zeit der Bauplanung eine barocke Kirche in Köln abgerissen, und die Breuers kauften einen Teil des Kircheninventars. Beim späteren Bau der Sürther Kirche musste sich dann der Baumeister nach den vorgegebenen Maßen dieses spätbarocken Mobiliars richten.

Jedes Jahr zur Weihnachtszeit kann in der Kirche eine der schönsten und bekanntesten Weihnachtskrippen des Kölner Raums bewundert werden. Ihre Gestalter, das Sürther Künstler-Ehepaar Barbara und Theo Heiermann, schufen auch die Kölner Dom-Krippe.

SÜRTH BLEIBT SEINER HISTORISCHEN SILHOUETTE TREU
EIN SPAZIERGANG ENTLANG DER UFERFRONT

An der nächsten Straßenkreuzung biegt man nach rechts in die schmale Rheinaustraße ein. An der Ecke liegt der Ziegelsteinbau des Blumshofs mit den schmiedeeisernen Initialen J. B. über dem Torbogen. Der Hof, der im Besitz des Zisterzienserklosters war, wurde nach der Säkularisation um 1800 von der Familie Blum erworben. Der letzte Besitzer des Hofs war der Kölner Oberbürgermeister Johann Jakob Blum, der nach nur 169 Tagen Amtszeit 1999 überraschend verstarb.

Die Rheinaustraße stößt an einer Panzerrampe auf den Leinpfad und das Rheinufer. Rechts an eine Mauer lehnt sich ein Heiligenhäuschen. Ein Wappen auf dem Sockel wird dem Altenberger Abt Gottfried von Gummersbach zugeschrieben. Es weist darauf hin, dass das Kloster Altenberg am Ort die Höfe Mönchshof und Keltershof besaß. Die massive Holzschutzhütte mit Ruhebänken daneben ist ein Geschenk der Dorfgemeinschaft an die Bevölkerung von Sürth.

Folgt man dem Leinpfad nach links, so bietet sich als nächste Rast das „Sürther Bootshaus" an. Das idyllisch gelegene, schwimmende Terrassen-Restaurant mit seinem Bootshafen ist ein beliebtes Ziel vieler Ruderer, Radwanderer, Inlineskater und Spaziergänger. Wer allerdings den Rheinblick lieber von oben genießen möchte, kann die Sonnenterrasse des Ristorante „Biagini" aufsuchen. Dahinter erhebt sich ein sieben Stockwerke zählender Gebäudekomplex; die ehemalige Hauptverwaltung der Linde AG wurde zwischen 1998 und 2001 zu einer Wohnanlage umgebaut. Der lang gestreckte Bau weist bei genauerem Hinsehen Attribute eines Schiffes auf: Die sieben „Decks" haben einen „Bug" und enden mit Bullaugen am „Heck". Nebenan in der kurzen, zum Rhein führenden Carl-von-Linde-Straße lädt zur warmen Jahreszeit an den Wochenenden der Skulpturengarten Sürth ein zu einem Besuch in eine romantisch gestaltete Gartenanlage vor einer Gründerzeitvilla.

Auch der benachbarte Wohnkomplex zeigt das Bemühen, das historische Rheinpanorama zu erhalten. Das 29 m hohe ehemalige Getreidelagerhaus der Auermühle wurde in einen Wohnturm umfunktioniert, in aufwändiger Prozedur hatte man die Fensteröffnungen in die geschlossenen Betonaußenwände geschnitten.

Adlerhorst über dem Rhein: Ristorante Biagini

GODORF: PETROLCHEMIE, WINDMÜHLE UND IKEA

ANFAHRT:
Mit dem Auto: Von Köln über die A 4 bis Kreuz Köln-Süd, auf die A 555 Richtung Bonn, Abfahrt Köln-Godorf.
Mit der Bahn: Stadtbahnlinie 16 bis Haltestelle Godorf.
Mit dem Bus: Linie 135 bis Godorf.

▲
Altes Laubenhaus:
Godorfer Hauptstraße

Um das Wahrzeichen des südlichsten Kölner Stadtteils Godorf streiten sich eine Windmühle, die Kühltürme der Raffinerie und der schwedische Möbel-Gigant IKEA. Die Windmühle kann für sich beanspruchen am ältesten zu sein. Die seit einiger Zeit flügellose Mühle von 1849 in der Nähe des Bahnhofs ist ein Nachfolgebau einer älteren aus dem Jahre 1735.

Noch um 1900 war der Ort ein Bauerndorf mit zahlreichen Hofgütern entlang der Hauptstraße, der ehemaligen römischen Heerstraße zwischen Köln und Bonn. Seit dem 16. Jahrhundert diente sie als Reise- und Transportweg und Godorf war Rast- und Versorgungsstelle für die Pferdegespanne. Übrig geblieben sind zwei Fachwerk-Laubenhäuser aus dem 18. Jahrhundert (Hauptstraße). Unter dem vorgebauten Obergeschoss auf Holzstützen wurden die Pferde angebunden und getränkt, in den Häusern befanden sich Gastwirtschaften. Auch Goethe legte die Strecke Köln-Bonn 1774 zurück.

Heute wird der kleine Ort im Westen und Süden von der Petrolchemie bedrängt. Und im Rheinhafen, wo seit 1901 Braunkohlebriketts von der Schiene auf Schiffe verladen wurden, werden jetzt die Produkte der neuen Industriezweige verschifft. Das Rohöl gelangt durch eine 280 km lange Pipeline vom Rotterdamer Ölhafen nach Godorf.

Wenn an Samstagen von der Godorfer und Rodenkirchener Autobahnabfahrt an der Verkehr zähflüssig wird, dann nicht, weil der Fußballclub SV Godorf spielt, sondern die Ursache hat vier Buchstaben: IKEA.

NEUES WOHNEN IN ALTEN GEMÄUERN IN RONDORF

ANFAHRT:
Mit dem Auto: Von Köln über die Autobahn A 4 und A 555, Abfahrt Rodenkirchen; über die Bonner Landstraße stadteinwärts bis Rodenkirchener Straße, links abbiegen nach Rondorf. Oder: Über Brühler Straße und Brühler Landstraße bis Kapellenstraße in Rondorf.
Mit dem Bus: Linie 131, 132 und 135 bis Rondorf.

IM GODORFER „TOBILAND" DARF GETOBT WERDEN

ANFAHRT:

Mit dem Auto: Von Köln über die A 555 bis Abfahrt Rodenkirchen. Über die Bonner Landstraße Richtung Godorf fahren. Nach der IKEA-Zufahrt die nächste Einbiegung nach rechts in
das Gewerbegebiet. Am Ende der kurzen Straße nach rechts und gleich wieder nach rechts
über die große Parkfläche. Die Tobiland-Halle liegt links.

Ein Zaun trennt die ehemaligen IKEA-Lagerhalle, in der sich das „Tobiland" befindet, von der Bonner Landstraße. Die riesige Hallenfläche zur Straßenseite lockt mit aufgemalten großformatigen, bunten Comic-Gestalten. Das neue Spielparadies für die Kids war schon kurz nach seiner Eröffnung im Sommer 2003 zu einer Attraktion geworden. Vor allem an Sonntagen füllt sich die Halle mit bis zu 1200 kleinen und großen Gästen. Da drängeln sich schon mal vor dem Drehkreuz des Eingangs die Grüppchen: Kinder in Begleitung Erwachsener. Denn es ist „cool", zum Geburtstag die Freunde nebst Mami und Omi ins „Tobiland" einzuladen. Auf den mehr als 3000 mit Fallschutz-Belag ausgestatteten Quadratmetern gibt es all die Spielangebote wie sie die Kinder am liebsten mögen. Sie können die Spiellandschaft einer dreigeschossigen Fantasie-Burg erkunden oder sich auf einer Riesenrutsche, einem Zehnfach-Trampolin, der „Trüffi"-Achterbahn und dem Mini-Autoscooter austoben. Oder sie messen ihre sportliche Geschicklichkeit an der Kletterwand „Tobi-Mountain".

Die Kleinsten tummeln sich in einem „Kleinkind-Spielparadies". Für Jugendliche und Erwachsene stehen ein Internet-Café und eine Großbildleinwand für Sportübertragungen bereit. Die Geburtstagsgruppen können sich auch in so genannte „Geburtstagspavillons" zurückziehen und bei Getränken und Naschereien aus dem Selbstbedienungsrestaurant weiterfeiern.

▶ Stilvolle Toreinfahrt zum Rondorfer Büchelhof

In der Region zwischen der B 51, der heutigen Brühler Landstraße und der A 555 floss früher ein Seitenarm des Rheins. Noch bis ins 18. Jahrhundert und bei dem Hochwasser um 1926 füllten sich die Stromrinnen des Ur-Rheins mit Grundwasser. Daran erinnern die zahlreichen Kiesgruben und Baggerseen in den Fluren zwischen Meschenich und Immendorf, die von den Bewohnern unerlaubterweise als Badeseen verwendet werden. Es bestehen aber Planungen, hier ein Naherholungsgebiet zu schaffen.

Die Mittelterrasse dieses Gebiets bot mit dem Lößlehm die besten Voraussetzungen für den Ackerbau, und so bildete dieser bis Mitte des 19. Jahrhunderts den Haupterwerbszweig für die Bevölkerung. Davon zeugen noch eine Anzahl Hofanlagen, die entweder nach wie vor landwirtschaftlich genutzt werden oder zu Wohnanlagen umfunktioniert wurden.

Das alte Dorfzentrum Rondorfs befindet sich in der Gegend um die Kapellenstraße. An dieser Straße liegen auch die drei größten Hofanlagen. Auf dem Büchelhof (Nr. 22-24) wird noch Landwirtschaft betrieben, wenn auch mehr in Form von Monokultur: Zuckerrüben sind das Hauptanbauprodukt. Die alte, 1810 mit Feldbrandziegeln schön gestaltete, große Toreinfahrt ließ der Eigentümer des Hofs 1965 restaurieren.

Der Bödingerhof (Nr. 23) gehörte dem Kloster Bödingen an der Sieg, nach dem Zweiten Weltkrieg diente er als Reiterhof. Der Johannishof (Nr. 28) war der Fronhof des Kölner Damenstifts St. Cäcilien. Beide ursprünglich mittelalterlichen Hofanlagen wurden 1986 in einem Spagat zwischen

Altem und Neuem und unter Wahrung der alten Bauformen in moderne Wohnanlagen umgewandelt.

Für Freunde ungewöhnlicher moderner Architektur bietet Rondorf noch eine Besonderheit, die in
Architekturfachkreisen größte Beachtung fand. Der
Ort besaß seit 1900 im alten Dorfkern an der Hauptstraße (Nr. 45) die Kirche Hl. Drei Könige, einen ein-
schiffigen, neugotischen Backsteinbau. An das Gotteshaus wurde 1957 ein mächtiger, blockhaft wirken-
der Westturm angefügt. Der Turm sollte mit seiner
beherrschenden Wirkung zum Wahrzeichen Rondorfs
werden. Durch den Bau einer neuen Kirche wurde
die alte überflüssig, und das Erzbistum Köln verkaufte sie 1987 für profane Zwecke.

▲
Früher Sakralbau – heute Büro-
haus: Kirche Hl. Drei Könige

Die Architekten BDA Rolf, Paul und Martin Link wandelten die Kirche
in ein Büro- und Wohnhaus um. Das Äußere des neogotischen Sakralge-
bäudes wurde wenig verändert, man erkennt kaum seine derzeitige Nutzung. In dem ehemaligen Kirchenschiff finden jetzt öffentliche Veranstaltungen wie Konzerte und Ausstellungen statt. Die gelungene Umnutzung
von sakral in profan ist eine Innovation, die gerne Schule machen darf.

ZWEIGETEILTES MESCHENICH: DORF UND „KLEIN-MANHATTAN"

ANFAHRT:
Mit dem Auto: Von Köln über Brühler Straße, Brühler Landstraße bis Meschenich.
Von Rondorf über Kapellenstraße und Bödlinger Straße.
Mit dem Bus: Linie 132, 135 und 701 bis Meschenich.

Von wo aus auch immer man in die Richtung von Meschenich blickt,
man gewahrt stets als Erstes die Baumasse des 20-stöckigen Hochhauskomplexes „Kölnberg". Wie die gewaltigen Wolkenkratzer von Manhattan
ragen die Hochhäuser aus der sie umgebenden weiten Flur. „Kappes-Man-
hattan" tauften die Bewohner den Fremdkörper im dörflichen Umfeld.
„Mietblock gewordene Bausünden aus den 1970er Jahren, die monoli-
thisch in den Himmel ragen und Meschenich für immer und ewig seiner
Unschuld beraubt haben", nannte sie der Kölner Stadt-Anzeiger. Mitte
der 1980er Jahre entwickelte sich der Kölnberg zum Herd vielfältiger sozi-
aler und psychologischer Konflikte, die Hochhäuser verkamen. Nachdem
die Stadt sich dieses sozialen Brennpunktes mit seinen rund 3200 Aus-
ländern aus 60 verschiedenen Nationen annahm, ist es merklich ruhiger
geworden.

▲ „Klein-Manhattan" in Meschenich

Das alte Meschenich befindet sich am etwas erhöhten westlichen „Ufer" des ehemaligen Rheinarms entlang der römischen Heerstraße Köln-Trier. Der alte Ortskern und die heutige Ortsmitte gruppieren sich um die neuromanische Pfarrkirche St. Blasius, die 1890 in Anlehnung an die romanische Kirche St. Severin in Köln errichtet wurde. Eine Anzahl Fachwerkbauten bestimmen im Dorfkern das Straßenbild, so auf der Alten Kölner Straße (Nr. 9, 11, 17), der Bödinger (Nr. 2) und der Zaunhofstraße (Nr. 6, 7, 8). Wie bei ihren Nachbarorten zeugen große Hofanlagen von der landwirtschaftlichen Struktur. In Meschenich werden sie auch heute noch bewirtschaftet.

Vor der gewaltigen Kulisse des Kölnbergs duckt sich der Kampshof am nördlichen Ortseingang an der Brühler Landstraße (Nr. 402). Schon im Mittelalter ein Adelsgut, war der letzte adelige Besitzer der Graf Berghe von Trips. Im Torbogen hängt noch sein Familienwappen.

An der hinter der Kirche abgehenden Engelsdorfer Straße trifft man etwas außerhalb des Orts auf den Alt Engeldorfer Hof, ein früherer Besitz des Klosters Benden bei Brühl. Zur Straßenseite liegt das schöne klassizistische Herrenhaus von 1830. An gleicher Straße noch ein Stück weiter außerhalb findet man den Langenackerhof, der sich früher im Besitz des Kölner Stifts St. Severin befand.

DER KIRCHBERG SCHÜTZTE IMMENDORF VOR DEM RHEIN

ANFAHRT:
Mit dem Auto: Von Köln über die A 4 und die A 555 bis Abfahrt Rodenkirchen. Nach der Abfahrt nach links in die Straße Kiesgrubenweg einbiegen.
Von Rondorf über die Rondorfer Hauptstraße. Von Meschenich über die Zaunhofstraße.
Mit dem Bus: Linie 135 bis Immendorf.

Kurz nach der Autobahnabfahrt der A 555 in Richtung Immendorf stößt man in einer scharfen Linkskurve auf die nach rechts führende Giesdorfer Allee mit den beiden Giesdorfer Höfen. Die Idylle wird nur durch die dicht vorbeiführende Autobahn gestört. Geradeaus gelangt man zu der Toreinfahrt des Friedrichshofs. Auf dem Hauswappen am Tor steht das Baujahr 1766. Das ehemalige Adelsgut mit seinen erst 1991 frisch getünchten weißen Ziegelwänden und den türkisfarbenen Torflügeln und Fensterläden macht einen freundlichen Eindruck. Dagegen wirkt der rech-

ter Hand liegende Gillessenhof
mit seinem alten Ziegelmauer-
werk geradezu düster. Er gehörte
bis zur Säkularisation der Kölner
Abtei Groß-St.-Martin.

Zurück zur Giesdorfer Allee
und in den Ort hinein, biegt man
nach rechts in die Immendorfer
Hauptstraße ein und parkt in der
Straße „Zum Moosberg" am Fuß
des Kirchbergs.

Kirche St. Servatius, Immendorf

Beim „Jahrhunderthochwas-
ser" 1926 verließ der Rhein sein Bett und ergoss sich über viele Seiten-
arme in die Kölner Bucht. Auch Teile Immendorfs standen unter Wasser.
Ein Glück, dass man vorsorglich die Kirche auf dem 12 bis 13 m hohen
Kirchberg errichtet hatte. Imposant ragt der Westturm der neuromanischen Kirche St. Servatius auf dem auch mit „Heidenberg" bezeichneten
Hügel aus der umliegenden Flur.

Schräg gegenüber an der Hauptstraße (Nr. 21) befindet sich innerhalb
des Gemäuers eines Bauernhofs aus dem Jahre 1821 das exklusive Restaurant „Bitzerhof".

Die Bewohner Immendorfs lebten über Jahrhunderte hinweg von der
Landwirtschaft, davon zeugt als größtes Anwesen der Zaunhof (Nr. 29).
Im 16. Jahrhundert ein Rittergut des Junkers von Efferen, wurde das Gut
1876 erneuert und 1986/87 in eine Wohnanlage umgewandelt.

▶ Empfang in freundlichen Farben: der Friedrichhof

Allgemeine Informationen
Stadt Köln/Bezirk 2 Rodenkirchen
Hauptstraße 85 / 50996 Köln-Rodenkirchen / Tel. 0221-221-92 330
Landkarte: Stadtbezirk 2 (kostenlos)

Restaurants mit Außengastronomie
Gaststätte zur Post
Weißer Hauptstraße 36 / 50999 Köln-Weiß / Tel. 02236-37 42 11
ca. 100 m vom Leinpfad, großer Biergarten mit Wasserspiel

Marano
Auf der Ruhr 63 / 50999 Köln-Weiß / Tel. 02236-32 10 11
kleines italienisches Eiscafé mit Straßenterrasse

Ristorante Biagini
Am Rheinufer 24 / Einfahrt über Mühlengasse /Aufgang vom Leinpfad
50999 Köln-Sürth / Tel. 02236-653 77
Sonnenterrasse und Wintergarten oberhalb des Rheinufers mit weitem Rheinblick

Sürther Bootshaus www.suertherbootshaus.de
Sürther Leinpfad / 50999 Köln-Sürth / Tel. 02236-687 16, große Sonnenterrasse
am Bootshafen, beliebtes Rastziel für Radfahrer und Skater

Altes Fachwerkhaus im Falderhof www.falderhof.de
Falderstraße 29 / 50999 Köln-Sürth / Tel. 02236-966 99-0
Man speist in dem eindrucksvollen und idyllischen Innenhof unter einer alten
Linde. Das Restaurant ist in dem liebevoll restaurierten alten Gutshof unterge-
bracht; gehobene Preise
Bett & Bike-Mitglied

Ristorante La Modicana
Sürther Hauptstraße 84 (Nähe Marktplatz) / 50999 Köln-Sürth / Tel. 02236-615 26
Ausgezeichnete italienische Küche. Chefin Giuseppina Mancinone ist Sizilianerin

Eis-Café-Bistro Marano
Sürther Hauptstraße 69 / 50999 Köln-Sürth / Tel. 02236-38 96 62
ca. 100 m vom Leinpfad, bei schönem Wetter ist die Außenterrasse geöffnet,
leckeres italienisches Eis

Bitzerhof
Immendorfer Hauptstraße 21 / 50997 Köln-Immendorf / Tel. 02236-619 21
Gasträume in einem ehemaligem Gutshof, gehobene Preise

Freizeitanlagen
Kinder- und Jugendzentrum Weiß jz.weiss@jugendzentrum.koeln.de
Georgstraße 2 / 50999 Köln-Weiß / Tel. 02236-667 95

Sürther Freizeitanlage am Rhein
entlang des Sürther Leinpfads großes Wiesengelände mit Spielgeräten,
Fußballplätzen, Ruhebänken; parken auf dem Marktplatz Frohnhofstraße

Spielparadies Tobiland www.tobiland.info
Otto-Hahn-Straße 6-8 / 50997 Köln-Godorf
Tel. 02236-87 40 50 / Fax 02236-87 40 44
Öffnungszeiten: Mo-Fr 14-19 Uhr; Sa/So und in den Ferien 10-20 Uhr, im Sommer
Do geschlossen
Eintritt: Kinder 7,- Euro, 10er-Karte 60,- Euro / Erwachsene 5,50 Euro /
Kinder unter 2 Jahren und Geburtstagskinder haben freien Eintritt.

Kulturelles
Skulpturengarten Sürth
www.skulpturengarten-suerth.de / helga.neef@skulpturengarten-suerth.de
Carl-von-Linde-Straße 4 / 50999 Köln-Sürth / Tel. 02236-696 81
romantische Gartenanlage vor einer alten Gründerzeitvilla am Rheinufer
vom Frühjahr bis Herbst wechselnde Ausstellungen von Gartenskulpturen
Öffnungszeiten während der Ausstellungen: Fr-So 13-19 Uhr

Kunstraum Fuhrwerkswaage
Bergstraße 79 / 50999 Köln-Sürth / Tel. 02236-610 49
wechselnde anspruchsvolle Kunstausstellungen
Ausstellungen und Öffnungszeiten variieren

Alte Lederfabrik
Ober Buschweg 32 / 50999 Köln-Sürth / Tel. 02236-96 99 15-0
offene Künstler-Ateliers, Ausstellungen und Veranstaltungen mit variablen
Terminen

Skulptur Draussen
Weißer Hauptstraße 52 / 50999 Köln-Weiß / Tel. 0221-39 40 62
wechselnde Skulpturen-Ausstellungen in einem Gartengelände

St. Georgskapelle
Weißer Hauptstraße/Ecke Georgsstraße / 50999 Köln-Weiß / Tel. 02236-647 94
Die Kapelle ist über Tag geöffnet.

Ehemalige Kirche Hl. Drei Könige
Rondorfer Hauptstraße 45 / 50997 Köln-Rondorf / Tel. 02233-278
Führungen: auf Anfrage

Beförderungshinweise
Rheinfähre zwischen Weiß und Porz-Zündorf
www.faehre-koelnkrokodil.de
Anleger: Am Leinpfad, nördlicher Ortsausgang von Weiß / Tel. 02236-683 34
Die Fährschiffe „Krokodil", „Krokolino" und „Frika" fahren von 15. März bis
15. Oktober. Mo-Fr 11-19 Uhr, Sa/So 10-20 Uhr.

4. Wesseling

Der Übergang vom Dorf zum bedeutenden Industriestandort begann mit der Errichtung eines Rheinhafens als Umschlagplatz für Braunkohlebriketts. Für den großen Aufschwung aber sorgte erst der Anschluss Wesselings an die Pipeline von Rotterdam im Jahre 1960. Seitdem wird Wesseling im gleichen Atemzug mit den ansässigen Chemie-Giganten genannt.

In die Kommune wurden 3 angrenzende Orte eingemeindet: Keldenich 1935, Berzdorf 1961 und Urfeld 1969. Die Stadtrechte sprach man Wesseling aber erst am 3. Oktober 1972 zu.

Auf 40% des gesamten Stadtbezirks wird heute immer noch Landwirtschaft betrieben. Wesseling gehört seit der kommunalen Neugliederung 1975 zum Erftkreis mit dem unbeliebten KFZ-Kennzeichen BM.

Wesselinger
Wahrzeichen:
die Kirche
St. Germanius
▼

DER RHEINPARK IST WESSELINGS „GRÜNE LUNGE"

ANFAHRT:
Mit dem Auto: Von Köln über die A 555 bis Abfahrt Wesseling/Bornheim. Nach links auf die Siebengebirgsstraße, bis zum Kreisverkehr fahren. Vom Kreisel auf die Jahnstraße einbiegen. Durchfahren bis zur Kreuzung Flach-Fengler-Straße. Nach rechts bis zur parallel zum Rhein verlaufenden Bonner Straße. Ausgeschilderte Parkmöglichkeiten.
Mit der Bahn: Stadtbahnlinie 16 bis Bahnhof Wesseling. Über die Fußgängerzone Richtung Rathaus, die Bonner Straße überqueren. Als Orientierung dient die Kirche St. Germanius am Rheinpark.
Mit dem Schiff: Die Köln-Düsseldorfer (KD) legt am Rheinpark an.

Keine Stadt in Deutschland weist einen höheren Anteil an Gewerbeflächen auf als Wesseling. Umso mehr Bedeutung kommen den wenigen städtischen Grünflächen als Erholungszonen zu. Die beliebteste grüne Flaniermeile der Wesselinger zieht sich am Rheinufer entlang über den alten Leinpfad. Zwischen Mai und September finden im Musikpavillon des Rheinparks kostenlose öffentliche Konzerte statt.

▲
Ponyreiten gratis im Rheinpark

Im alten Ortszentrum erhebt sich auf hochwasserfreiem Gelände Wesselings Wahrzeichen, die katholische Pfarrkirche St. Germanius, ein dreischiffiger Bau aus dem Jahre 1894.

Ein Stück rheinaufwärts gelangt man zu der Anlegestelle einer Personenfähre. Das kleine Fährschiff „Marienfels" fährt hinüber zur anderen Rheinseite nach Niederkassel-Lülsdorf.

Am südlichen Stadtrand gewahrt man am Rheinufer den weißen Gebäudekomplex des Sioniterhofs mit der daneben liegenden Luziakapelle. Den Eigentümern des Hofs oblag für lange Zeit die Wartung des für den Güterverkehr so enorm wichtigen Leinpfades. Heute wirtschaftet in den alten Gemäuern eine Gärtnerei.

Wen es auf dem Spaziergang nach einer Erfrischung gelüstet, der kann sich in einem der nahe gelegenen Biergärten auf der Kölner Straße niederlassen. Das Restaurant mit dem verlockenden Namen „Kulisse" zeigt sich mit einem kleinen Spielplatz kinderfreundlich.

BIZARRE WESSELINGER INDUSTRIELANDSCHAFT

Der Radfahrer, der sich über den Leinpfad entlang des Rheins Wesseling nähert, gewahrt schon weit vor der Stadtgrenze die typische Silhouette der Industrietürme am Ufer des Stroms. Autofahrer, die auf der A 555 unterwegs sind, durchschneiden diesen Dschungel der silbrig-glänzenden Apparaturen und Transportleitungen. Faszinierend wird es nach Einbruch der Dunkelheit, wenn die bizarre Landschaft von Tausenden von Leuchtröhren angestrahlt wird und man vermeint, die gespenstig wirkende Kulisse aus einem Science-Fiction-Film vor sich zu haben. Und wenn der Nachthimmel über Wesseling sich wieder einmal rot verfärbt wie bei einem Großbrand, bleibt man unbesorgt: Auf einem der hohen Türme wird das Gas „abgefackelt", das immer beim Abschalten und Anfahren einer Anlage anfällt. Angefangen hat die Entwicklung Wesselings vom armen Dorf zum reichen Industriestandort um 1900. Die im nahen Braunkohlenrevier Ville produzierten Briketts wurden mit einer „Querbahn" der KBE nach Wesseling transportiert und in dem neu angelegten Rheinhafen auf Schiffe umgeschlagen. Dank der guten Anbindung an die überregionalen Verkehrswege Schiene, Fluss und seit 1936 Autobahn siedelten sich in der ersten Hälfte des 20. Jahrhunderts bedeutende Industrieunternehmen in Wesseling an. Als der Industrieort 1960 an die Pipeline vom Rotterdamer Erdölhafen angeschlossen wurde, boomte die Mineralöl verarbeitende und petrolchemische Industrie und machten Wesseling zu einer der reichsten Kommunen Deutschlands.

Heute sind vor allem drei große Industrie-Giganten die Arbeitgeber der Wesselinger: **degussa** links der A 555 (von Köln aus), **basell** im Dreieck zwischen A 555, der L 150 und der L 182, sowie links der A 555. Außerdem die **Shell Deutschland** im Rheinbogen südlich von Wesseling. Neben Vergaserkraftstoffen und Heizölen wird in den Wesselinger Werken eine Vielzahl an Ausgangsprodukten für Kunststoffe produziert. So kann die Plastiktüte in Ihrer Hand ihren Ursprung in einem der Wesselinger Industrieunternehmen haben. Es verwundert daher nicht, dass der Moloch Köln im Zuge der kommunalen Neuordnung 1975 das reiche Nachbarstädtchen gegen den Willen der Wesselinger Bevölkerung „schlucken" wollte. Die cleveren Wesselinger klagten erfolgreich dagegen. Die Begründung des Verfassungsgerichts in Münster lautete, es beständen „zu wenig ausgeprägte Abhängigkeiten" zu Köln. Die neu gewonnene Selbstständigkeit feierten die Wesselinger am 1. Juli 1976 überschwänglich mit Glockengeläut und Freibier.

AUF DEM TEICH VON „ENTENFANG" WURDE ZU KURFÜRST CLEMENS AUGUST ZEITEN AUF WILDENTEN JAGD GEMACHT

ANFAHRT:
Mit dem Auto: Von Köln über die A 555 bis Abfahrt Wesseling/Bornheim. Nach rechts auf die Siebengebirgsstraße, dann wieder nach rechts in die Eichholzer Straße einbiegen. Durchfahren bis zum links der Straße sich entlang ziehenden Naturschutzgebiet Entenfang. Parkplatz an der Kreuzung Mühlenweg/Rodenkirchener Straße.

Längs der Schnellstraße K 31 am westlichen Rand Wesselings und zwischen dem nördlichen Ortsteil Berzdorf und Keldenich im Süden erstreckt sich auf 75 000 m² eine abwechslungsreiche Garten- und Teichlandschaft. Lage und Entstehung verdankt diese Naturoase einem alten Rheinarm, der hier einmal verlief. Im Norden wurde das Freizeitgelände Entenfang angelegt. Für einen Familienausflug mit Kindern ist das Areal geradezu vortrefflich geeignet. Ungewöhnliche Spielgeräte, zum Teil auf Erd- und Natursteinwällen angelegt, ein Trimm-Dich-Pfad, ein Sportplatz und überdachte Ruhebänke verteilen sich in der weitläufigen Wiesen- und Parklandschaft. Am nördlichen Ende liegt an einem Teich das weiße, neubarocke Jagdschlösschen „Entenfang", von dem man nicht sicher weiß, ob es der Kurfürst Clemens August hat 1752 anlegen lassen oder die Pröbste von St. Gereon, zu dieser Zeit die Grundherren von Berzdorf. Wer auch immer die Jagdherren waren, es trieb sie zur Jagd auf Wildenten. Diese verleitete man mit Hilfe von so genannten Lockenten, sich auf der Wasserfläche des Teichs niederzulassen und fing sie dann in Fangsäcken. So bekam das Schlösschen im Volksmund den Namen „Entenfang".

Das heutige Aussehen erhielt es allerdings erst um 1900, als es von seinem damaligen Besitzer zu einem Herrenhaus mit Türmchen und Freitreppe umgebaut wurde. Heute tummeln sich auf dem Anwesen die Kinder des städtischen Kindergartens.

Südlich des Parkplatzes am Mühlenweg erstreckt sich entlang der Schnellstraße der lang gezogene Teich des Naturschutzgebietes Entenfang. Bei uns wenig bekannte Wattvogelarten benutzen die Uferregionen des Teichs auf ihrem Flug nach Süden als Durchgangsstation. Deshalb wurde das Gebiet eingezäunt und 1969 unter Naturschutz gestellt. Von einer Plattform in der Nähe des Parkplatzes aus lassen sich manchmal die seltenen Vögel mit dem Fernglas beobachten.

▲
Jäger mit erbeuteter Ente

ALTE HÖFE, EIN „GRIECHISCHER" WASSERTURM UND DIE „SCHMERZHAFTE MUTTER" PRÄGEN DAS GESICHT BERZDORFS

ANFAHRT:
Mit dem Auto: Von Köln über die A 553 bis Abfahrt Brühl-Ost. Nach rechts auf die Brühler Straße Richtung Berzdorf fahren.

Alte Hofanlagen, putzige Fachwerkhäuschen und Obstplantagen erinnern an die landwirtschaftliche Vergangenheit des Wesselinger Stadtteils Berzdorf. Noch vor dem Kreisel auf der Brühler Straße am Ortsbeginn liegen links zwei historische Gebäude. Eine kleine Stichstraße führt rechts zu einem gelben Gebäudekomplex, der wegen seines Erscheinungsbildes den Namen „Godorfer Burg" erhielt. Das Baujahr 1871 erfährt man aus der Inschrift eines Seitenflügels. Zu dieser Zeit war es beim Bau herrschaftlicher Häuser üblich, die mittelalterliche Burgenarchitektur nachzuahmen. Das Gebäude wurde 2004 restauriert und dient privaten Wohnzwecken.

Auf der angrenzenden Parzelle, von der Straße frei einsehbar, liegt der Godorfer Hof. Er war bereits 1173 im Besitz des Stifts zu Schwarzrheindorf und ist seit 1802 in Privatbesitz.

Für Freunde der griechischen Küche wartet an der Brühler Straße/Ecke Langenackerstraße das stimmungsvolle Ambiente eines Restaurants in einem alten Wasserturm. Das Wahrzeichen Berzdorfs wurde 1894 errichtet und diente bis 1952 als Wasserspeicher. Seit 1978 ist das Baudenkmal in privater Hand und zur warmen Jahreszeit ein beliebtes Gartenlokal. Biegt man in die gegenüber einmündende Stemenstraße ein, so gelangt man in den alten Ortskern. Linker Hand steht der 1857 im neugotischen Stil errichtete Backsteinbau der katholischen Pfarrkirche „Schmerzhafte

▶ Ländliche Idylle am Restaurant „Gut Hagenhof"

Mutter". Die kostbare, aus dem 15. Jahrhundert stammende spätgotische Pieta in der links vom Turm angebauten Andachtskapelle sollte man sich unbedingt ansehen.

An der nach links abgehenden Hagenstraße liegt die bedeutendste Hofanlage Berzdorfs. Der Hagenhof war zeitweilig der Wohnsitz des Grundherren von Berzdorf, des Probstes von St. Gereon, wenn zum Beispiel Gerichts- und Verwaltungsangelegenheiten zu regeln waren. Eine Verlockung bildet der Biergarten des Restaurants und Eiscafés „Gut Hagenhof" inmitten der ländlichen Idylle an einem Ententeich unter dichtem Laubdach.

KULTUR PUR AUF SCHLOSS EICHHOLZ UND IM SCHWINGELER HOF IN KELDENICH

ANFAHRT:
Mit dem Auto: Von Köln über die A 555 bis Abfahrt Wesseling/Bornheim. Nach rechts auf die Siebengebirgsstraße. An der Kreuzung mit der Urfelder Straße nach rechts bis zum Kreisel. An der L 190 liegt die Einfahrt zum Schloss Eichholz.

Schon 1166 wird ein Eichholzer Hof, der hier gestanden hat, urkundlich erwähnt. Er gehörte bis zur Säkularisation 1802 zum Stift Dietkirchen. Danach wechselte der Hof mehrmals den Besitzer. Im Jahre 1898 ließ der damalige Besitzer das Wohnhaus des Hofes im Stil der Burgen- und Schlösserromantik so umbauen, wie man es heute vorfindet.

In dem schlossartigen Gebäude mit seiner großen Parkanlage ist das Bildungszentrum der Konrad-Adenauer-Stiftung e.V. untergebracht, das sich „Politische Akademie Eichholz" nennt. Im Hause finden auch öffentliche kulturelle Veranstaltungen statt, so die „Eichholzer Schlosskonzerte".

ANFAHRT ZUM SCHWINGELER HOF:
Vom erwähnten Kreisel die Eichholzer Straße Richtung Berzdorf fahren bis zum Schwingelerweg, der rechts einmündet. Auf der linken Seite mit der Hausnummer 44 liegt der Schwingeler Hof.

Der Hof dient als schönes Beispiel dafür, Altes nicht verkommen zu lassen, sondern einer neuen, sinnvollen Verwendung zuzuführen. Das ursprünglich als Blücher-Hof bezeichnete Gut heißt seit 1803 nach dem Namen seines neuen Besitzers Schwingeler Hof. Die Stadt Wesseling kaufte das stark verfallene Anwesen 1980 auf und richtete es mit hohem Aufwand für Kulturveranstaltungen her. Seitdem werden in der „Galerie" des alten Gemäuers wechselnde Kunstausstellungen gezeigt. Und die ehemalige große Scheune wurde durch Umbauten zu einer Konzert- und Kulturveranstaltungshalle umfunktioniert.

▲
Kunst in der „Galerie" des Schwingeler Hofs

Serviceseiten

Allgemeine Informationen:
Stadt Wesseling www.wesseling.de / info@wesseling.de
Rathausplatz / 50389 Wesseling / Tel. 02236-701-254
Kulturamt Tel. 02236-701-280
Stadtplan Wesseling (kostenlos)

Restaurants mit Außengastronomie

Wirtzhaus www.wirtzhaus.com
Oberdorfstraße 2 / 50389 Wesseling-Keldenich / Tel. 02236-94 76 00
gemischte Küche, schattiger Biergarten

Zur Waage
Kölner Straße 4 / 50389 Wesseling / Tel. 02236-442 33
am Rheinpark gelegen, mit Biergarten

Kulisse
Kölner Straße 16 / 50389 Wesseling / Tel. 02236-425 23
am Rheinpark gelegen, mit Biergarten und Spielplatz, Sonntags-Brunch

Weissbart an Rhein www.restaurant@weissbart.de
Rheinstraße 225 / 50389 Wesseling-Urfeld / Tel. 02236-37 36 73
mit Sonnenterasse zum Rhein, mediterrane Küche

Gut Hagenhof
Hagenstraße 20 / 50389 Wesseling / Tel. 02232-99 32 28
Restaurant und Café mit Biergarten, idyllisch unter Bäumen an einem Ententeich
gelegen

Poseidon – Zum alten Wasserturm
Brühler Straße/Ecke Langenackerstraße / 50389 Wesseling-Berzdorf
Tel. 02232-47 0 77
griechische Taverne mit Gartenterrasse und im Innern des alten Berzdorfer
Wasserturms

Freizeitanlagen

Bronx Rock Kletterhalle www.bronxrock.de
Vorgebirgsstraße 5 / 50389 Wesseling / Tel. 02236-89 05 70
Öffnungszeiten: Mo-Fr 9-24 Uhr, Sa/So 9-22 Uhr
Eintritt: Sa/So Tageskarte Erwachsene 11,50 Euro, Kinder bis 6 Jahre 4,50 Euro,
Kinder über 6 Jahre 6,50 Euro, Mo-Fr ermäßigte Preise
Schuhe und Gurte können gegen Gebühr ausgeliehen werden,
Basic-Kurs erforderlich

Gartenhallenbad
Saarlandstraße / 50389 Wesseling / Tel. 02236-701-390
Öffnungszeiten: Freibad tgl. 10-19 Uhr, Mo 13-19 Uhr
Hallenbad tgl. wechselnde Zeiten
Eintritt: Erwachsene 3,- Euro, Kinder bis 6 Jahre frei, 6 bis 13 Jahre 2,- Euro,
14 bis 18 Jahre 2,50 Euro

Minigolfanlage
im Rheinpark gelegen, Bonner Straße / 50389 Wesseling
Öffnungszeiten: variabel

Kulturelles

Städtische Galerie und Konzerthalle Schwingeler Hof
Schwingeler Weg 44 / 50389 Wesseling / Informationen zu Veranstaltungen
unter Tel. 02236-701-280 und in der Publikation „Wesselinger Kulturkalender"

Schloss Eichholz
Urfelder Straße 221 / 50389 Wesseling / Infomationen zu Veranstaltungen
unter Tel. 02236-701-280 und in der Publikation „Wesselinger Kulturkalender"

Rheinpark-Konzerte
Musikpavillon im Rheinpark an je einem Sonntag von Mai bis September,
16-17.30 Uhr
Informationen unter Tel. 02236-701-280 und in der Publikation „Wesselinger
Kulturkalender", Eintritt frei

Matineen im Historischen Ratssaal
Altes Rathaus / Rathausplatz / 50389 Wesseling / Tel. 02236-701-280
jeden 1. Sonntag im Monat, 11 Uhr, Eintritt frei

Rheinforum Wesseling
Kölnstraße 40 / 50389 Wesseling / Tel. 02236-70 12 80
Veranstaltungen in einer umgebauten Fabrikhalle mit Glasflächen zum Rhein.
Informationen unter Tel. 02236-70 12 80 und im „Wesselinger Kulturkalender"

Phoenix Theater Wesseling
RheinForumWesseling / Kölner Straße 40 / 50389 Wesseling / Tel. 02236-701-280
Programm in der Publikation „Wesselinger Kulturkalender"

Museum der Köln-Bonner-Eisenbahnfreunde e.V.
Bhf. Wesseling Mitte / 50389 Wesseling / Tel. 02236-422 73
Öffnungszeiten: 1. und 3. Samstag im Monat, 10-12.30 Uhr
Zu sehen sind 430 Exponate aus der Eisenbahngeschichte.

Beförderungshinweise

Rheinfähre zwischen Wesseling und Niederkassel-Lülsdorf
Anleger: Uferpromenade am Rheinpark / Tel. 0171-266 38 35
Das Schiff „Marienfels" fährt von April bis September Mo-Fr 5.50-19 Uhr,
Sa 8.20-15 Uhr, So 9.30-19 Uhr, von Oktober bis März Mo-Fr 5.50-19 Uhr,
Sa kein Fährbetrieb

Köln-Düsseldorfer KD www.k-d.com / info@k-d.com
Frankenwerft 35 / 50667 Köln / Tel. 0221-2088-318
Anleger: Uferpromenade am Wesselinger Rheinpark
Die „Goethe" fährt nach Bonn und über Porz nach Köln.

5. Bornheim

Die 3 ehemaligen selbständigen Gemeinden Bornheim, Hersel und Sechtem wurden 1969 zur Gemeinde Bornheim zusammengefasst, und am 1. Januar 1981 wurden der aus 14 Ortschaften bestehenden Region die Stadtrechte verliehen. Begünstigt durch die geografische Lage in der Kölner Bucht mit ihrem milden Klima und durch den fruchtbaren Lößboden des der Eifel vorgelagerten Höhenzugs „Vorgebirge" entwickelte sich das Gebiet zu einer bedeutenden Obstkammer und zum Gemüsegarten des Rheinlandes. Im Ortsteil Roisdorf befindet sich der Centralmarkt mit der größten deutschen Obst- und Gemüseversteigerung.

Alte Bauerndörfer ziehen sich mit ihren engen Gassen und verträumten Winkeln wie an einer Perlenkette aufgereiht entlang der sanft abfallenden Hänge des Vorgebirges. Attraktive Sehenswürdigkeiten bilden die zahlreichen alten Rittersitze und Landhäuser der früheren Grundherren aus alten rheinischen Rittergeschlechtern. An die römische Epoche erinnert der an einigen Stellen noch erhaltene Römerkanal, eine Wasserleitung, die die Römer im 2. Jahrhundert n. Chr. von der Eifel nach Köln legten.

Romanische
Friedhofskapelle
in Merten
▼

AUF DEM BORNHEIMER LEINPFAD

ANFAHRT:
Die drei Bornheimer Ortsteile Widdig, Uedorf und Hersel liegen aneinander gereiht am Rhein zwischen den Stadtgrenzen Wesselings und Bonns. Sie sind Teil des Radwanderweges „Erlebnisweg Rheinschiene Duisburg-Bonn". Deshalb wird diese Wegstrecke als Radweg unter „Fahrradtouren entlang des Rheins" beschrieben.

An der Grenze zwischen Wesseling und Bornheim lädt eine schwimmende Gaststätte zu einer Pause ein. Das Boot diente früher als Ausflugs- und Fährschiff. Eine bei Ausflüglern und Radwanderern sehr beliebte Adresse ist das im Ortsteil Widdig unmittelbar am Rhein gelegene Restaurant „Rheinterrassen" einen Kilometer südlich. Eine alte Zeichnung belegt, dass das Fachwerkhaus bereits 1725 in gleicher Form als Gasthof existierte. Hier

▲ Das Siebengebirge zum Greifen nahe: die „Rheinterrassen" in Widdig

legte auch die alte Fähre zum anderen Rheinufer ab. In der Gaststube kamen in früheren Zeiten die Schöffen zu Gerichtssitzungen zusammen. Der Herseler Gemeinderat tat es ihnen später gleich; er hielt bis 1913 in dieser angenehmen Umgebung seine Sitzungen ab. Heute genießen die Ausflügler den fantastischen Ausblick über den Rhein und zur Silhouette des Siebengebirges. Die Aussichtsstelle zählt zu den schönsten zwischen Köln und Bonn.

Am Ortseingang von Uedorf, dem nächsten Bornheimer Rheinanliegerort, versteckt sich zwischen Bäumen ein von Efeu umrankter Mühlenstumpf. Die alte Windmühle gehörte um 1445 dem Kölner Erzbischof. Ein Gesetz verpflichtete die Bauern der Gegend, ihr Getreide ausschließlich in dieser Mühle mahlen zu lassen. Als um 1900 der Schlossherr von Bornheim, Johannes Freiherr von Diergardt, die Mühle erwarb, war sie so altersschwach, dass sie abgetragen werden musste. Er ließ lediglich den Mühlenstumpf wieder aufbauen, mit baulichen Stilelementen der Neuromanik. Die ehemalige Mühle diente von da an nur noch als Aussichtsturm.

Kurz hinter der Mühle und in Höhe von Bornheim-Hersel passiert man die sich dicht entlang des Ufers hinstreckende Insel Herseler Werth.

DIE „BLAUE FLAGGE" FÜR DIE VOGELINSEL HERSELER WERTH

Um die Mitte des 14. Jahrhunderts war das vom Leinpfad nicht einsehbare Ostufer des Herseler Werths das Rheinufer. Auf der Landkarte stellt man fest, dass die Entfernung von der Ostseite der Insel bis zur rechten Rheinseite der durchschnittlichen Breite des Rheins entspricht. Der mittelalterliche Ortskern von Hersel lag ungefähr zwischen dem heutigen Ufer und der Insel. Da trat eine Katastrophe ein, wie wir sie auch aus unserer Zeit kennen: Rheinhochwasser überflutete die drei mittelalterlichen Orte, verschlang sie und ließ nur einen Streifen Land übrig, der etwas höher lag.

Heute ist die so entstandene Insel nicht mehr von den Rheinfluten gefährdet und seltene Vogel- und Pflanzenarten haben auf dem Eiland ihre Heimat gefunden. Das führte dazu, dass es 1995 zum Naturschutzgebiet erklärt wurde. Man kann auf Infotafeln am Uedorfer und Herseler Ufer nachlesen, welche Vogelarten hier heimisch geworden sind. Anwohner berichten, dass selbst die scheue Nachtigall ihren Gesang erschallen lässt.

Nutznießer der naturbelassenen Insel sind auch die Bootsbesitzer, die am ruhigen, strömungsfreien Ufer ihre Schiffe ankern. Die Herseler Hafenanlage gegenüber der Südspitze der Insel gilt als eine der schönsten am Rhein. Die blaue Flagge, die am Steg des Yacht-Clubs Hersel weht, ist ein internationales Öko-Siegel für Steganlagenbetreiber, das jährlich von der Deutschen Gesellschaft für Umwelterziehung vergeben wird. Es ist ein deutliches Zeichen dafür, dass der Betreiber und die Bootsbesitzer sehr rücksichtsvoll mit der Flora und Fauna am Herseler Werth umgehen.

IM KLOSTER WALBERBERG HABEN DIE DOMINIKANER IHR GEISTIGES ZENTRUM

ANFAHRT:
Mit dem Auto: Von Köln über die A 553 bis Abfahrt Brühl/Bornheim. Am Kreisel nach rechts unter der Autobahn hindurch zum nächsten Kreisel, hier rechts abbiegen auf die Hauptstraße. Wieder rechts einbiegen auf den Rheindorfer Burgweg und bis zu der links liegenden Klosteranlage fahren.
Mit der Bahn: Stadtbahnlinie 18 bis Walberberg.
Das Kloster ist nur von außen zu besichtigen.

Das am Hang des Vorgebirges in einem weiten Park gelegene Kloster wurde 1925 gegründet. Es birgt mit der Albertus-Magnus-Akademie bis Ende 2007 das Zentrum der theologischen, philosophischen und sozialethischen Forschungsarbeit des Dominikanerordens. Überragt wird es von dem am Südwestrand der Klosteranlage liegenden älteren Gebäudekomplex der Rheindorfer Burg. Das ehemals kurkölnische Lehen besteht aus einer dreiflügeligen Vorburg, einem Burghaus und einem viergeschossigen Rundturm. Das schöne Brunnenbecken im Innenhof stammt aus dem 17. Jahrhundert.

▲ Sitz des ehemaligen Dominikanerklosters: die Rheindorfer Burg

NACH DER HL. WALBURGA SIND ORT UND KIRCHE BENANNT

ANFAHRT:
Mit dem Auto: Vom Kloster kommend nach rechts in die Hohlgasse einbiegen. An der ersten Gabelung geradeaus über die Eng- und Obergasse auf die Walburgisstraße. Rechts auf steilem Hang steht die der heiligen Walburga gewidmete Kirche. Parkplatz an der Straße unterhalb der Kirche.

St. Walburga steht auf dem Grund, auf dem sich bereits im 8. Jahrhundert ein Gotteshaus befand. Im 11. Jahrhundert errichtete man auf dem „mons sanctae Walburges" genannten Berg eine neue Kirche: Reliquien der heiligen Walburga waren zuvor durch den Kölner Erzbischof Anno II. vom bayrischen Eichstätt nach Köln und von dort nach Walberberg überführt worden. Auch heute noch veranstaltet alljährlich die Pfarrei eine Pilgerfahrt

▲ Er wird „Hexenturm" genannt. Warum wohl?

nach Eichstätt zu der Grabstätte der Heiligen. Ihr heutiges Aussehen erlangte die Kirche durch zahlreiche Um- und Anbauten. Zeitweise hatten die Zisterzienserinnen hier ihr Domizil, 1447 wurde das Kloster in ein Zisterzienser-Männerpriorat umgewandelt, und 1591 nahmen die Kölner Jesuiten sich des Gotteshauses an.

Im Zweiten Weltkrieg wurde die Kirche bis auf die Grundmauern zerstört. Der Wiederaufbau vollzog sich in zwei Phasen: in den Nachkriegsjahren und zwischen 1981 und 1988.

Zwei weitere Sehenswürdigkeiten befinden sich in der Nachbarschaft der Kirche: nördlich ein fünfgeschossiger Turm, das Überbleibsel einer Burg des Grafen von Saffenberg aus dem 12. Jahrhundert. Die Bezeichnung „Hexenturm" rührt vermutlich daher, dass der Turm als Kerker benutzt wurde.

An der Straße unterhalb der Kirche vor einem Schulgebäude wurde ein originales Teilstück der römischen Eifelwasserleitung aufgestellt. Das Fragment fand man 1965 beim Bau eines Hauses an der tiefer liegenden Hauptstraße. Zwei Hinweistafeln informieren über die typische Bauweise des Römerkanals.

WASSERBURG-ROMANTIK DER KITZBURG

ANFAHRT:
Mit dem Auto: Bei der St. Walburga-Kirche in Walberberg nach links in die Frongasse einbiegen und bis zur Hauptstraße fahren. Nach rechts bis zur Kreuzung kurz vor der L 183. Rechts beginnt an einer Toreinfahrt die lange Zufahrt, die zur Kitzburg hinaufführt.

▶ Von Wasser umgeben: die Kitzburg in Walberberg

Schon die alten Römer wussten:
Dat Wasser vun Kölle es joot

Das sagten die römischen Bürger vermutlich aber erst, nachdem die Wasserleitung fertig gestellt war, die seit dem 2. Jahrhundert n. Chr. Quellwasser aus der Eifel nach Köln hineinführte. Frisch und klar sollte es sein, koste es, was es wolle. Deshalb sparte man nicht an technischem Aufwand, der die Nachwelt noch heute verblüfft. Mit der heutigen Technik legt man Pipelines quer durch Europa, und Elektrizität treibt Pumpen an. Damals aber musste das Eifel-Wasser von ganz alleine fließen, und dazu brauchte es immer ein wenig Gefälle. Für die römischen Ingenieure hieß das, für den fast 100 km langen Kanal, der aus dem so genannten „Grünen Pütz" (von frz. puits = Brunnen) bei Nettesheim und anderen Quellen versorgt wird, einen Weg zu finden, der stetig etwas bergab geht. Hindernisse bestanden in Tälern, Flüssen und Höhenzügen, die überwunden werden mussten. Und das kostbare Wasser durfte im Winter nicht zu Eis gefrieren.

Letzteres ließ sich verhindern, indem man die Leitung ausreichend tief ins frostfreie Erdreich verlegte. Über die Täler mauerte man spezielle Wasserbrücken, die man Aquädukte nennt. Das lateinische Wort „aqua" bedeutet Wasser und -„dukte" kommt von dem lateinischen Verb „ducere" und heißt führen. Um das Einfrieren des Wassers in den Aquädukten zu verhindern, tricksten die cleveren Baumeister die Minusgrade aus, indem sie durch ein stärkeres Gefälle die Fließgeschwindigkeit des Wassers erhöhten.

Dass die Wasserleitung auch durch das Bornheimer Land gelegt wurde, hat eine geografische Ursache. Das Hindernis des Ville-Rückens musste umgangen werden. Den Römern blieb keine andere Wahl, als die Trasse 20 km im Bogen herumzuführen und über das Swisttal den Hang des Vorgebirges hinunterzuleiten. Bei Waldorf erreichte der Kanal die Rheinebene, wurde von hier die Hanglage nutzend über Kardorf und Walberberg nordwärts geleitet, um bei Hürth-Hermülheim ostwärts die restlichen Kilometer zur einstigen römischen Provinzhauptstadt Niedergermaniens zu nehmen.

Viel ist von der Wasserleitung nicht mehr übrig geblieben. Im Laufe der Zeit bediente man sich der Steine als kostenlosem Baumaterial. Die restlichen Teilstücke tragen das Zeichen „Römerkanal-Wanderweg", sind durchnummeriert und geben den Kilometerstand ab „Quelle" an.

Gesamtlänge: 95,4 km / Transportleistung: 20-30 Mio. Liter Trinkwasser pro Tag / Material: Sohle des Kanals aus Guss-Kalk-Beton, mit wasserundurchlässigem rötlichen Putz (opus signinum) / Seiten: Grauwacke-Handquadern / Gewölbe: Felssteine auf einem hölzernen Lehrgerüst, mit Kalkmörtel gemauert

Will man einen Eindruck von der außergewöhnlichen Anlage und dem barocken Herrenhaus der Kitzburg im Südosten von Walberberg erhalten, kann man parallel zur Anfahrt über den Franz-von-Kempis-Weg bis zu dem ersten nach links abzweigenden Fahrweg fahren. Dieser kreuzt die endlos scheinende Zufahrt zur Burg. Von hier kann man einen Blick auf die Vorderfront des barocken Herrenhauses werfen.

Ein weiterer Zugang besteht vom Franz-von-Kempis-Weg aus. Über den breiten Wassergraben führt dort eine Brücke zu dem Herrenhaus auf der Insel. Sie ist mit Backsteinmauern befestigt und mit vier Ecktürmchen versehen. Die ehemalige kurkölnische Wasserburg von 1472 erhielt ihr heutiges Aussehen zwischen dem 17. und dem 19. Jahrhundert; das barocke, zweigeschossige Herrenhaus wurde 1761 errichtet. Es bildet eine gelungene gestalterische Einheit mit dem symmetrischen Garten, der die Wasserburg umgibt.

Heute ist die Burg als private Wohnanlage im Besitz der Familie des Freiherrn von Canstein und nur im Rahmen von VHS-Exkursionen oder von Einzelpersonen von außen zu besichtigen.

HIMMELSGESTIRN SCHMÜCKT HEINRICH BÖLLS GRAB IN MERTEN

ANFAHRT:
Mit dem Auto: Von Köln über die A 553 bis Abfahrt Brühl/Bornheim. Vom Kreisel unter der Autobahn hindurch auf die Walberberger Straße (L 183), die in die Bonn-Brühler-Straße übergeht. Im Ortsteil Merten nach rechts in die Beethovenstraße einbiegen und an der ersten Kreuzung geradeaus in die Wagnerstraße, die zum Friedhof von Merten führt.
Mit der Bahn: Stadtbahnlinie 18 bis Merten, Händelstraße.

Schönes romanisches Friedhofsportal in Merten
▼

Wie in Walberberg so liegt auch der Mertener Friedhof in Hanglage. Man betritt die Begräbnisstätte über eine Treppe durch das schöne, in der Farbigkeit der Romanik bemalte Friedhofsportal. Es ist das einzige Überbleibsel einer Ritterburg aus dem Jahre 1170. Bis zum 18. Jahrhundert fanden unter dem Rundbogen die Gerichts- und Gemeindeversammlungen statt.

Von hier geht der Blick hoch zu der die Anlage überragenden Friedhofskapelle. Sie hat eine ungewöhnliche Baugeschichte: An ihrer Stelle stand bis 1871 die romanische Martinskirche. Beim Abriss ließ man die Chorapsis

mit ihren romanischen
Stilelementen stehen: im
unteren Bereich vier
Wandsäulen mit Würfel-
und Kelchkapitellen
sowie Blendarkaden mit
Rundbögen. Oben ver-
läuft eine Zwerggalerie
mit vier Doppelarkaden.
Erst 1948 baute man an
das Chörchen die Fried-
hofskapelle an. Übrigens
leitet sich von dem heiligen Martin auch der
Ortsname Merten ab.

   Geht man links der
Kapelle nach oben bis
zur höchsten Stelle des
Friedhofs mit weitem

▲

Schlicht und ohne Prunk: die Grabstätte Heinrich Bölls

Blick über das Rheintal, so übersieht man wegen ihrer Schlichtheit leicht
eine ganz besondere Grabstätte: Heinrich Böll hat hier unter der Krone
einer Eiche seine letzte Ruhestätte gefunden. Auf seinem letzten Weg
hatte ihn eine Zigeunerkapelle begleitet. Der Kölner Schriftsteller, der in
seinen Büchern vor allem die Konflikte des Nachkriegsdeutschlands the-
matisiert und in den 1970er Jahren mit der außerparlamentarischen Op-
position sympathisierte, erhielt 1972 den Nobelpreis für Literatur. Seit
1982 bis zu seinem Tode 1985 lebte er zeitweise zurückgezogen in dem
kleinen Ort Merten, der ihm zum Gedenken einen Platz im Ort nach ihm
benannte.

   Wer eine monumentale, dem Ruhm und der Bedeutung des Schriftstellers angemessene Grabstätte erwartet, wird verblüfft sein: Der Grab-
schmuck ist einfach, aber originell – ein schmiedeeisernes, dem irischen
Sonnensymbol nachempfundenes Kreuz steht auf einem niedrigen Stein-
sockel. Bölls Sohn René gestaltete es, und er schmückte es mit Gestirnen
des Himmelszeltes in zweidimensionaler, farbiger Ausführung. Wer mit
Kindern die Grabstätte aufsucht, kann sie raten lassen, um welche Plane-
ten es sich handelt. Es sind Sonne und Mond, Saturn und Mars, ein Ko-
met und Sternschnuppen. Den Sockel zieren die vergoldete Unterschrift
Bölls und seine Lebensjahre 1917-1985.

BURG RÖSBERG WAR AUSGANGSORT FÜR JAGDEN IN DEN KOTTENFORST

ANFAHRT:
Mit dem Auto: Oberhalb des Mertener Friedhofs führt die Auelsgasse zur Burg Rösberg an der Von-Weichs-Straße hoch. Die private Wohnanlage ist nur vom Tor aus zu besichtigen.

▶ Burg Rösberg:
Toreinfahrt auf der Burgallee

Die Jagdleidenschaft am Hofe des Kurfürsten Clemens August muss sehr groß gewesen sein. Das belegt eine Reihe von barocken Bauten aus dieser Zeit, wie das von Cuvilliés entworfene Brühler Jagdschlösschen Falkenlust, das hauptsächlich der „Lust" am Jagen diente. Die Hofleute, die mit der Organisation der höfischen Jagdgesellschaften betraut waren, nahmen einen besonders hohen Rang ein. Daraus erklärt sich auch, dass der kurfürstliche Oberjägermeister von Weichs in den Genuss eines komfortablen Herrenhauses gelangte, dass ihm kein Geringerer als der zu jener Zeit wohl bedeutendste Hofarchitekt Johann Conrad Schlaun errichtete. Die Freiherren von Weichs bekleideten das Erbamt eines kurfürstlichen Oberjägermeisters schon seit Generationen, und ihr Wohnsitz war seit dem Jahre 1629 die geschichtsträchtige Rösberger Burg aus dem 12. Jahrhundert im alten Ortskern von Merten.

Die schlossähnliche, dreiflügelige Burganlage außerhalb des Ortes ließ sich der Oberjägermeister Ferdinand Joseph Freiherr von Weichs 1731/32 im Stil der so genannten „maisons de plaisance" in Anlehnung an die kurfürstliche Sommerresidenz Falkenlust errichten. Die Lage der neuen Rösberger Burg am Rande des Vorgebirgsrückens war gut gewählt als Ausgangsort für Jagden in den Kottenforst. Der im Zweiten Weltkrieg durch Brandbomben zerstörte Barockbau wurde in den 90er Jahren des letzten Jahrhunderts von einer Wohnungsbaugesellschaft wieder in seinen originalen Zustand versetzt und wird als privater Wohnraum genutzt.

Heute treten die Bewohner – wie zu Clemens August Zeiten die Jagdgesellschaften – von der Feld- und Waldseite über die Burgallee durch das verzierte, schmiedeeiserne Tor auf den Ehrenhof. Und von der gegenüberliegenden Terrasse der Gartenseite blicken sie wie einst die Jagdgäste weit über die Rheinebene bis hin zum Siebengebirge, dem Siegburger Abteiberg und zum Kölner Dom.

DIE WEISSE BURG VON SECHTEM LAG INMITTEN SAFTIGER „WISSEN" (WIESEN)

ANFAHRT:
Mit dem Auto: Von Köln über die A 555 bis Abfahrt Wesseling. Nach rechts auf die Siebengebirgsstraße. An der nächsten Kreuzung wieder nach rechts auf den Eichholzweg (L 190) Richtung Sechtem fahren. Am Ende des Eichholzwegs mündet von rechts die Kaiserstraße, an der auf der linken Seite die Weiße Burg liegt.

Nicht auf die weiße Fassade ist die Bezeichnung Weiße Burg zurückzuführen, sondern der Name leitet sich von ihrer einstigen Lage inmitten von saftigen Wiesen, von „Wisse" ab. Seit ihrer Erbauung wechselten die adeligen Besitzer häufig, und es nimmt nicht Wunder, dass man in der Mitte des 19. Jahrhunderts eine Totalerneuerung der verwohnten Anlage ins Auge fasste. Sie erhielt nach dem Vorbild der Palladiumvillen das Aussehen eines italienischen Landhauses. Auch der mächtige Torturm wurde zu dieser Zeit neu errichtet; er erinnert an die toskanischen Geschlechtertürme der italienischen Renaissance.

Der letzte Besitzerwechsel fand 1906 statt: Der Sechtemer Landwirt Peter Bollig erwarb das Anwesen; seine Nachkommen nutzen den ehemaligen Rittersitz immer noch als landwirtschaftlichen Betrieb.

▶ Im Innenhof der Weißen Burg, Sechtem ▶ Am Torturm das Familienwappen

SECHTEMS GRAUE BURG SCHLUMMERT DEN DORNRÖSCHENSCHLAF

ANFAHRT:
Mit dem Auto: Die Kaiserstraße und Eupener Straße weiter durchfahren bis zu der von rechts kommenden Graue-Burg-Straße. Die Graue Burg liegt auf der linken Straßenseite. Zum Eingangstor gelangt man über die hinter dem Burggelände von links einmündende Schweppenburgstraße. Besichtigung nur von außen möglich.

Grau ist sie nicht, die Graue Burg. Ihre Fassade weist ein verblasstes Barock-Gelb auf. Ihren Namen erhielt die in einem verwilderten Park

Graue Burg in Sechtem: Familienwappen

dahindämmernde Wasserburg vielmehr über die Bezeichnung „Grafenburg". Diese wandelte sich über „Grave"-Burg zu „Graue" Burg. Auch stand die ursprüngliche Burg nicht an dieser Stelle. Ein Feuer hatte sie völlig zerstört, und der damalige Besitzer – Heinrich Edler von Monschau – errichtete 1770/71 eine neue ganz in der Nähe des alten Standorts. Seit dem 19. Jahrhundert bis 1970 hießen die Eigentümer von Geyr-Schweppenburg, die es an einen privaten Besitzer veräußerten. Das Andenken an seinen Erbauer bewahrt das Familienwappen derer von Monschau im Dreiecksgiebel der Eingangsfront.

Zweimal krähte der „Rote Hahn" auf Burg Hemmerich

Anfahrt:
Mit dem Auto: Über die A 553 bis Abfahrt Brühl/Bornheim. Über die L 183, die nacheinander Walberberger Straße, Bonn-Brühler Straße und Pappelstraße heißt, bis Bornheim-Kardorf fahren. An dem Kreisel nach rechts abbiegen und über St.-Josefs-Weg, Travenstraße und Lindenstraße zur Burg Hemmerich hinauffahren.

Das Schicksal hat es nicht gut gemeint mit der Burg Hemmerich auf dem höchsten Punkt des Vorgebirges: zweimal brannte sie völlig ab. Seit 1210 wechselten die adeligen Familien als Besitzer, bis die Burg 1710 in den Besitz eines Kölner Patriziers gelangte. Der verschaffte ihr ein völlig verändertes Aussehen. Im Stil des rheinischen Rokoko ließ er von 1729 bis 1733 eine prachtvolle Vierflügelanlage errichten, mit Freitreppen, Pavillons und einem französischen Garten.

Doch 1869 vernichtete ein Großbrand die ganze Herrlichkeit. Nach seinem Wiederaufbau blieb der stattliche Bau 75 Jahre lang unangetastet, sogar der Zweite Weltkrieg verschonte ihn. Da brach nur drei Monate nach Kriegsende erneut ein verheerender Brand aus und vernichtete die Burg zum zweiten Male völlig. Die Ruine, der sich der Besucher heute gegenübersieht, lässt nur noch wenig von der einst barocken Prachtentfaltung erahnen. Lediglich der barocke Torturm links der Burgruine, der zum Innenhof und zu den Wirtschaftsgebäuden führt, ist gut erhalten. Im

linken Flügel wohnt die heutige Be-
sitzerin, die Baronin von Nordeck zu
Nordeck.

Rechts neben der Burgruine liegt
ein sehenswerter, alter Friedhof. Die
Friedhofskapelle war einmal der Chor
einer romanischen Kirche aus dem
Jahre 1160. Die Friedhofsmauer ist
noch wesentlich älter: Die Römer hatten sie ursprünglich errichtet, wie an
der zum Teil noch erhaltenen Maue-
rung links hinter der Kapelle erkenn-
bar ist. Auch Steine des Römerkanals,
der lange Zeit als Quelle für Baumaterial diente, wurden später bei Aus-
besserungsarbeiten verwendet.

▲

Barocker Torturm von Burg Hemmerich

BIO-BAUER BURSCH UND DIE RHEINISCH-ÖKOLOGISCHE GEMÜSETÜTE

ANFAHRT:
Mit dem Auto: Zurück zur Schnellstraße L 183 und nach rechts weiter in Richtung Bornheim-
Stadt fahren. Die L 183 heißt hier Blumenstraße. Im Ortsteil Waldorf biegt links der
Weidenpeschweg ab. Die Hausnummer 31 ist der Bio-Bauernhof Bursch.

Seitdem Lebensmittelprodukte mit dem Prädikat „Bio" boomen und
das Konsumverhalten beeinflussen, stellen auch die Bauern des Vorgebirges ihre Betriebe zunehmend auf ökologische Landwirtschaft um. So
wie Heinz Bursch aus Waldorf, der bereits mit 21 Jahren seinen Garten-
bau-Meister mit Fachrichtung Gemüseanbau erwarb. Er baut auf 35 ha
Land 60 biologisch behandelte Obst- und Gemüsesorten an. Weder Chemie noch mineralische Düngung werden eingesetzt. Die Natur selbst soll
dafür sorgen, die Pflanzen vor Schädlingen zu schützen. Wie das vor sich
geht, erläutert der Bio-Bauer an einem Beispiel: „Wenn Pfirsischläuse
einfallen, setzen wir Marienkäferlarven aus. Die vertilgen die Schädlinge."
Aber vier Jahre dauere es schon, einen konventionell bewirtschafteten
Betrieb auf Bio umzustellen. So lange brauche der Boden nämlich, um
wieder chemiefrei zu werden.

Sein Vater hatte bereits 1960 damit begonnen, auf die „Segnungen"
der Chemie zu verzichten und war damit der erste von fünf Bornheimer

▶ Lässt es sich gut gehen: Hängebauchschwein bei Bio-Bursch

Landwirten, die auf ökologischen Anbau umstellten. Die Burschs waren zudem die Ersten in der Region, die ihre Produkte auch in die „Rheinisch-ökologischen Gemüsetüten" einpackten – ein System, bei dem zu mitgegebenen Kochrezepten die benötigten Gemüse und Zutaten in einer Tüte gekauft werden.

Frau Bursch führt ganzjährlich den Hofladen, in dem man alles kaufen kann, was das Feld hergibt. Die Kinder der einkaufenden Muttis können sich derweil von dem Hängebauchschwein, den Zwergziegen, Hühnern, Gänsen und Kaninchen des Streichelzoos beeindrucken lassen oder sich an den Spielgeräten des kleinen Spielplatzes auf dem Hofgelände austoben.

AUCH DIE CDU-/CSU-FRAKTION SCHÄTZTE DEN BORNHEIMER SPARGEL

ANFAHRT:
Mit dem Auto: Von der Brunnenstraße (L 183) biegt im Ortsteil Waldorf in Richtung Vorgebirge die Schmiedegasse ab. Hier liegt mit der Nr. 36 der Gasthof „Zum Dorfbrunnen", eine beliebtes Einkehrziel für Spargelgenießer.

Das Waldorfer Gasthaus „Zum Dorfbrunnen" teilt sich mit dem Alfterer „Spargel-Weber" den Ruf, vorzügliche Spargelgerichte herzustellen und wird alljährlich zur Spargelsaison von Mai bis Juni zum Mekka der Liebhaber dieses edlen Gemüses. Seine weit über die Ortsgrenzen reichende Bekanntheit bezog es durch das große Spargelessen, das die

CDU-/CSU-Fraktion bis zu ihrem Umzug nach Berlin einmal im Jahr hier veranstaltete.

Freunde des frisch gestochenen Bornheimer Spargels sollten sich einige Termine merken: Am 1. Mai serviert der Dorfbrunnen ein besonders preiswertes traditionelles Spargelgericht. Und am ersten und zweiten Juni-Sonntag gibt es ein Spargelbuffet mit kalten und warmen Beilagen.

▲
Für Genießer: der Vorgebirgsspargel

DER ROISDORFER CENTRALMARKT IST EUROPAWEIT SPITZENREITER BEI ERDBEEREN

ANFAHRT:
Mit dem Auto: Von Köln über die A 555 bis Abfahrt Bornheim. Nach links die Roisdorfer und die Herseler Straße (L 118) Richtung Bornheim fahren. Der Centralmarkt liegt vor Roisdorf links der Straße.

Alles, was das milde Klima und die fruchtbaren Lößböden in den üppigen Obst- und Gemüsegärten in der Kölner Bucht gedeihen lässt, wird im Roisdorfer Centralmarkt feilgeboten. Ab 7 Uhr in der Früh liefern die rund 1200 Genossenschaftsmitglieder ihr Obst und Gemüse ab. Das meiste wird sofort verpackt und an die Lebensmittelkonzerne geliefert. Die restliche Ware gelangt zur Versteigerung in die Lager- und Kühlräume. Regelmäßig um halb zwölf treffen Marktbeschicker und Gemüsehändler im Versteigerungssaal ein, um auf Obst und Gemüse zu bieten. Fast alles geht in die Läden und auf die Märkte der näheren Umgebung.

Der 1920 als „Kreis-, Obst- und Gemüseversteigerung Vorgebirge" gegründete Centralmarkt schlägt jährlich 105 000 t Obst und Gemüse um mit einem Nettowert von 55 Mio. Euro. Allein 6000 t Erdbeeren werden pro Jahr verkauft, das ist mehr als jeder andere Umschlagplatz in Europa umsetzt.

AUCH ERNST MORITZ ARNDT UND KÖNIG FRIEDRICH WILHELM IV. ZÄHLTEN ZU DEN KURGÄSTEN DER ROISDORFER WOLFSBURG

ANFAHRT:
Mit dem Auto: Der Herseler Straße weiter folgen bis hinter die Bundesbahn-Unterführung. Die Bonner Straße überqueren und geradeaus über die Siegesstraße und nach rechts in die Straße Siefenfeldchen einbiegen. Die Wolfsburg liegt auf der rechten Seite.

Ursprünglich stand hier einmal der Brücherhof. Die Bezeichnung „Bruch" zeigt an, dass er in versumpftem Gelände gelegen haben muss. Und in der Tat haben wir es hier auf dem Gebiet eines Altarms des Rheins mit einem starken Quellgrund zu tun; ein Bach fließt auch heute noch munter am Tor vorüber. Die 1440 am Prallhang des Vorgebirges erbaute Wolfsburg zählt zum Typ rheinische Wasserburg. Allerdings sucht man den Wassergraben heute vergebens, er wurde bereits 1874 trockengelegt. Auch die bedrohliche Bezeichnung „Wolf" hat eine harmlose Erklärung: Burgbesitzer war im 16. Jahrhundert die Familie Wilhelm von Wolff-Metternich. Oberhalb der Tür befindet sich noch das Familienwappen von 1591, ein Doppelwappen, das im rechten Feld einen Wolf abbildet.

Der Gebäudekomplex im Hofgelände, ein Backsteinbau mit zwei geschweiften und getreppten Giebeln, stammt aus dem Jahr 1626. Erst um 1750 entstanden die Wirtschaftsgebäude und der niedrige Torturm mit einer kunstvoll geschmiedeten Wetterfahne auf dem Schieferdach.

Zu Beginn des 19. Jahrhunderts hatte der damalige Besitzer des Roisdorfer Mineralbrunnens ehrgeizige Pläne. Er begann damit, das bis dahin unbedeutende kleine Dorf zu einem attraktiven Kurort auszubauen. Das

▶ Ehemals wasserumgeben: Wolfsburg in Roisdorf

ließ sich zunächst auch gut an. Der Wolfsburg fiel dabei die Rolle zu, als Erholungs- und Gaststätte für die Kurgäste zu dienen. Zu den prominenten Gästen zählten so illustre Persönlichkeiten wie Ernst Moritz Arndt und König Friedrich Wilhelm IV.

Langfristig scheiterten jedoch die eigennützigen Kurortpläne, und die Wolfsburg fand wieder zu ihrer landwirtschaftlichen Nutzung zurück. Seit 1888 ist die ehemalige Wasserburg im Besitz der Roisdorfer Familie Rech, die sie bewohnt und pflegt.

IM ROISDORFER HAUS WITTGENSTEIN RESIDIERTEN EINE PRINZESSIN UND DER VORSTAND DER PARTEI BÜNDNIS 90/DIE GRÜNEN

ANFAHRT:
Mit dem Auto: Über die Straße Siefenfeldchen zurückfahren und nach rechts in die Straße Ehrental einbiegen. An der Linksbiegung führt nach rechts hinauf der Zugang zu Haus Wittgenstein.

Kein Geringerer als der Kölner Dombaumeister Ernst Friedrich Zwirner erbaute 1845 auf einem Vorsprung des Vorgebirgshangs auf den alten Fundamenten eines Burganwesens das herrschaftliche Haus Wittgenstein. Der Bauherr, der Bankier und Präsident des Kölner Dombauvereins Heinrich von Wittgenstein, ließ es sich als Sommervilla errichten. Es galt zu dieser Zeit unter begüterten Städtern als schick, in dem sich gerade zum Kurort wandelnden malerischen Roisdorf ein Domizil zu besitzen.

Im 20. Jahrhundert erfolgte eine wechselvolle Nutzung des Anwesens. In der NS-Zeit diente es als Mädchenheim für den „Bund deutscher Mädchen" (BdM). Nach dem Zweiten Weltkrieg und bis 1952 residierte in dem spätklassizistischen Bauwerk eine echte Prinzessin: die Mutter von Prinz Bernard der Niederlande. Als Nächstes folgte der Ausbau zu einem privaten Kneipp-Sanatorium. Und ab 1984 übernahm es die Partei Bündnis 90/Die Grünen, die es als Tagungshaus und ab 1995 als Bundesgeschäftsstelle nutzte. Seit 1996 betreibt eine freikirchliche Organisation in der Villa ein Internationales Zentrum für Weltmission und ein Bibelseminar.

Für Liebhaber ausgefallener Landschaftsparks bietet sich die ausgedehnte Gartenanlage zu einem Spaziergang an. Sie wurde bereits im 18. Jahrhundert in ihren Grundzügen angelegt, als die ursprüngliche Burganlage noch bestand. Man wandelt über Treppenkehren, stößt auf alte Springbrunnen und staunt über eindrucksvolle Baumriesen, wie alte Ginko- und Mammutbäume und zwei knorrige Blutbuchen.

BEREITS DIE RÖMER TRANKEN ROISDORFER MINERALWASSER

ANFAHRT:
Mit dem Auto: Zurück zur Straße Ehrental und nach links fahren bis zu der Kreuzung. Nach rechts über die Brunnenstraße bis zur Artus-Mineralquelle.

► Roisdorfer Mineralwasser:
das alte Kontor- und Wohnhaus

Dass schon die Römer das Mineralwasser aus Roisdorf tranken, weiß man von Jahreszahlen auf Münzfunden. Die Römer warfen diese Münzen in den Brunnenschacht, um die Quellgötter gnädig zu stimmen. In der „Brunnenstube" des Gebäudekomplexes kann man an den Wänden neben alten Bildern von der Brunnenanlage um 1850 hinter Glas eine Auswahl der über 2000 geborgenen Münzen besichtigen (Besichtigung nur nach telefonischer Anmeldung). Der alte Brunnenschacht befindet sich in der Mitte des Raumes.

Für die Roisdorfer war das Mineralwasser, das mit 12 Grad angenehm kühl ist, über Jahrhunderte hinweg „normales" Brunnenwasser. Bis man 1774 die heilende Wirkung des Wassers entdeckte. Ab da wurde es vermarktet: In Krüge abgefüllt, gelangte es von Hersel aus über den Rhein nach Köln und wurde von hier in alle Welt exportiert.

Die eigentliche Erfolgsgeschichte des Roisdorfer Mineralwassers begann im Jahre 1876, als der Kölner Wilhelm Custor die Mineralquelle als Pächter übernahm. Das gut erhaltene große Fachwerkgebäude im Innenhof der Produktionsstätte diente ihm als Kontor und Wohnhaus. Heute gehört der Roisdorfer Mineralbrunnen zur Artus-Mineralquelle GmbH & Co. in Bad Hönningen.

IM „HEIMATBLICK" DREHT SICH ALLES UM DIE BROMBEERE

ANFAHRT:
Mit dem Auto: Weiter geht es über die Brunnenstraße zu der nach rechts abzweigenden Schußgasse. Sie stößt am Ende auf den Blutpfad. Nach links abbiegen und bis zum Eibenstockweg fahren. Hier liegt das Café-Restaurant „Heimatblick" mit Terrassen und einem Minigolfplatz.

Wer sich in luftiger Höhe den frischen Wind um die Nase wehen lassen will, fährt von Roisdorf aus hinauf ins Vorgebirge. Die herrliche Lage des Ausflugslokals und Café-Restaurants „Heimatblick" auf dem Höhenzug der Ville lockt jedes Jahr Tausende Besucher an. Aber nicht die Panoramaterrasse allein mit Ausblick bis hinüber zum Siebengebirge ist der Anziehungspunkt, berühmt wurde das Ausflugslokal vor allem wegen der ungeheuren Mengen an Brombeeren, die hier kultiviert werden. Die blaue Beere ist allgegenwärtig: auf dem Kuchen, als Gelee, als Schnaps und als Wein, der „Rebellenblut" heißt und der ganz schön in den Kopf steigt. Man sollte sich deshalb besser eine Flasche kaufen und mit nach Hause nehmen.

Während die Erwachsenen Kuchen und Landschaft genießen, können die Kinder sich auf der Minigolfanlage unterhalb der Restaurantterrassen betätigen. Von hier führt ein schmaler und steiler Weg bergab Richtung Alfter.

Auf dem Wegestück zwischen Minigolfanlage und dem tiefer liegenden Jüdischen Friedhof passiert man den „Stationsweg der zehn Gebote" an dessen Rand eine Anzahl Natursteintafeln mit Texten liegen. Aber es handelt sich nicht um die christlichen Zehn Gebote, sondern um Aufrufe der Friedensbewegung zu Ehren der Friedensnobelpreisträgerin von 1905, Bertha von Suttner. Bei dem Gestus der überlebensgroßen steinernen Christusfigur, die segnend die Arme ausbreitet über die Rheinbucht, scheint dem Bildhauer die Statue über Rio de Janeiro als Vorbild gedient zu haben. Der Stifter dieses 1945 errichteten Monuments, Wilhelm Maucher, war nicht nur Widerstandskämpfer im nationalsozialistischen Regime,

▶ Droben auf der Höhe: Café „Heimathlick"

▶ Segnender Christus am „Weg der Zehn Gebote"

▶ Eine Oase unter Eichenlaub: der jüdische Friedhof

er war auch der Erfinder des Brombeerweins mit dem bezeichnenden Namen „Rebellenblut".

Vom „Heimatblick" aus lassen sich leicht zu bewältigende Ausflüge zu Fuß oder mit dem Rad durch das Gebiet der Ville (vom germanischen „vele", Anhöhe) unternehmen. Denn größtenteils ist das etwa 150 ü. NN gelegene Plateau bretteben. Hin und wieder trifft man auf einen Weiher, der die Bezeichnung „Maar" trägt. Mit den Eifel-Maaren hat diese Benennung aber nichts gemeinsam. Sie entstanden dadurch, dass an vielen Stellen wasserundurchlässige Tonschichten lagern, die das Grundwasser nicht abfließen lassen. Westlich vom „Heimatblick" gelangt man zu Fuß oder mit dem Rad zum Römerhof mit einer öffentlichen Golfanlage.

EIN TAG IM BORNHEIMER „SPASSBAD" IST WIE IN FERIEN FAHREN

ANFAHRT:
Mit dem Auto: Zurück auf die Schnellstraße L 183 und nach links auf der Bonner Straße in Richtung Bornheim-Stadt fahren. An der von rechts einmündenden Rilkestraße liegen das Bornheimer Hallen-Freizeit-Bad und das Freibad. Kostenfreie Parkplätze auf der linken Seite.
Mit der Bahn: Stadtbahnlinie 18 bis Haltestelle Bornheim.

Das kombinierte Hallen-/Freibad in Bornheim, dass sich „Hallen-Freizeit-Bad" nennt, liegt an einer Allee mit über 100 Jahre alten Linden. Erst im Jahre 2003 wurde die Badeanlage modernisiert, erweitert und zu einem attraktiven „Spaßbad" umgestaltet.

An Sommertagen verlockt die rund 11 000 m² große Liegewiese zum Sonnen und Faulenzen, oder man kann in dem großen Bewegungsbecken seine Bahnen ziehen. Vor allem für die kleinen Badegäste hat man sich einiges einfallen lassen. Sie können sich im Kinderbecken auf der Wasserrutsche austoben oder im Wasser-Matschbereich in der Schiffchenrinne spielen. Wenn sie vom Wasser genug haben, dann wechseln sie zum Kinderspielplatz.

Aber das Jahr hat nur einen Sommer. Deshalb nimmt der Hallenbad-Bereich einen gewichtigen Raum ein. Er weist fünf Becken, einen Sprungturm und Sonnenbänke auf. Für die

▲ Eine Attraktion ist die Röhrenrutsche mit Farblicht-Stimulation

Kleinen wurde extra eine Mini-Wasserrutsche installiert. In dem 2003 fertig gestellten Glasanbau sind zwei Kinderbecken mit einer Wasserrutsche verbunden. Hier gibt es noch einige Überraschungen, wie sie zu einem echten Spaßbad gehören. Eine Attraktion ist auch die Röhrenrutsche mit eingebauter Farblichtstimulation.

IM BORNHEIMER „LUSTSCHLOSS" WIRD HEUTE THERAPIERT

ANFAHRT:
Mit dem Auto: Von der L 183, die im Zentrum von Bornheim-Stadt Königstraße heißt, biegt rechts die Heine Straße ab. Sie führt auf die Burgstraße, an der sich die Einfahrt zu Schloss Bornheim befindet.

Von der Burgstraße führt eine kurze Kastanienallee geradewegs zu der nach rechts abbiegenden Einfahrt zur dreiflügeligen Vorburg der mittelalterlichen Burganlage, die einmal von Wassergräben umgeben war.

Begibt man sich auf den Innenhof, so blickt man auf die Front eines zweigeschossigen Barockschlosses. Der Bau wurde von 1728 bis 1732 nach Plänen von Johann Conrad Schlaun als „maison de plaisance" errichtet, einem hauptsächlich im Rheinland vorkommenden Kleinschlosstyp.

Seit 1872 bis heute ist das Anwesen im Besitz der Familie von Diergardt, denen unter anderem auch das Schloss Morsbroich gehört. In einem Teil des barocken Schlosses ist seit 1980 das Therapiezentrum „Haus Phönix" untergebracht, eine Einrichtung für ehemalige Drogenabhängige. Die weiträumige, von einer hohen Mauer umgebene Parkanlage wurde 1902 nach dem Vorbild englischer Landschaftsgärten verändert und erweitert. Das Betreten des Parks ist allerdings wegen der Einrichtung nicht gestattet.

Der erste Schlossherr, Johann Jakob Freiherr von Waldbott, der auch Grundherr war, ließ 1740 auf dem Schlossgelände ein Gerichtsgebäude errichten, von dem seit 1906 nur noch die Fassade an der Straßenseite steht. Über dem Eingang ist in einer Kartusche noch das von zwei Schwänen flankierte Waldbottsche Wappen erhalten. Der Fassadenrest ist in die Architektur einer neueren Grundschule mit einbezogen worden.

DIE LANDSITZ-IDYLLE HAUS RANKENBERG VERSTECKT SICH IM GRÜNEN

ANFAHRT:
Mit dem Auto: Von Bornheim-Stadt über die Königsstraße Richtung Brühl. Nach der Unterquerung der Stadtbahn an der nächsten Kreuzung nach links auf die nach Euskirchen führende L 182. Oberhalb von Dersdorf liegt links der Straße in einem Waldstück das Haus Rankenberg. Der Privatbesitz ist nur im Rahmen von VHS-Exkursionen und auf Anfrage von außen zu besichtigen.

▲
Stolzer „Burgherr" auf Rankenberg

Auch Dersdorf hatte seine Burg; sie ist mittlerweile wegen Altersschwäche abgerissen worden. Dieses Schicksal teilte Haus Rankenberg, das einmal als Sommersitz der Burgherren diente, nicht. Im Gegenteil: Man erneuerte es 1879 von Grund auf.

Das schöne Gelände mit Teich, altem Waldbestand und stolzierenden Pfauen im Park ist im Besitz der Familie von Kempis, einer alteingesessenen Adelsfamilie, deren Namen in einer Reihe von Straßenbezeichnungen im Vorgebirge auftreten. Wie sehr die Adelsfamilie mit der Zeit geht, zeigt, dass sie nicht weit entfernt auf dem Höhenzug der Ville mit dem „Römerhof" eine Golfanlage betreibt.

Serviceseite

Allgemeine Informationen
Stadt Bornheim www.bornheim.de / info@bornheim.de
Rathaus/Rathausstraße 2 / 53332 Bornheim / Tel. 02222-945-0
Öffnungszeiten: Städtisches Infozentrum Mo-Mi 7.30-16.00 Uhr, Do 7.30-18.00 Uhr,
Fr 7.30-12.30 Uhr. Landkarte: Stadt Bornheim (kostenlos)

Restaurants mit Außengastronomie
Rheinterrassen info@hotel.rheinterrassen.de
Römerstraße 99 / 53332 Bornheim-Widdig / Tel. 02236-922 02-0 / große Sonnenterrasse
über dem Rhein mit Blick auf das Siebengebirge / Mitglied Bett & Bike

Caféhäuschen Üdorf
Rheinuferweg 80 / 53332 Bornheim-Üdorf / Tel. 02222-97 86 01
Idyllisches, kleines Terrassencafé mit Rheinblick, selbst gebackener Kuchen

Heimatblick www.hotel.heimatblick.de / heimatblick@aol.com
Brombeerweg 1 / 53332 Bornheim-Roisdorf / Tel. 02222-91981-0
mit großer Sonnenterrasse; Lage am Rande des Naturparks Kottenforst-Ville inmitten
von Brombeerkulturen und mit Fernsicht über die Köln-Bonner Bucht / Minigolfanlage

Freizeitanlagen
Golfanlage Römerhof
Römerhof, im Kottenforst / 53332 Bornheim-Brenig / Tel. 02222-93 19 40

Freizeitbad Bornheim
Rilkestraße 3 / 53332 Bornheim / Tel. 02222-37 16
Öffnungszeiten: Freibad 15. Mai bis 15. September tgl. 10-19 Uhr
Hallenbad Mo-Fr 13.30-21.30 Uhr, Sa/So 8-19 Uhr
Eintritt: Kinder/Jugendliche 3-18 Jahre 2 Stunden 2,- Euro, Tageskarte 3,50 Euro;
Erwachsene 2 Stunden 3,50 Euro, Tageskarte 5,- Euro

VHS-Fahrrad-Exkursionen zu den Burgen des Vorgebirges
vhs@stadt-bornheim.de
Informationen und Anmeldung: VHS Bornheim/Alfter / Alter Weiher 2
53332 Bornheim / Tel. 02222-945-46 40

Einkaufstipps
Bio-Hof Bursch / Weidenpeschweg 31 / 53332 Bornheim-Roisdorf / Tel. 02227-919 90
Öffnungszeiten: Hofladen Di-Fr 8.30-18.30, Sa 8.30-13 Uhr, Bio-Metzger Fr 9-18.30 Uhr,
Sa 9-13 Uhr. Verkauf der „Gemüsetüte" / Streichelzoo

Kulturelles
Brunnenstube der Roisdorfer Mineralquelle
Artus-Mineralquelle GmbH & Co. / Brunnenstraße / 53332 Bornheim-Roisdorf
Tel. 02222-941 60
Besichtigung der Brunnenstube mit alter Münzsammlung nach tel. Voranmeldung

Burgen in Bornheim und Umland
Alle beschriebenen Burgen sind nur von außen zu besichtigen oder von der Straße
einzusehen.

Beförderungshinweise: Rheinfähre zwischen Graurheindorf und Niederkassel-Mondorf
Anleger: Leinpfad Hersel / Graurheindorf / Tel. 0171-770 66 49
Die Autofähre „Mondorf" fährt vom 1. April bis 30. September Mo-Fr 6.30-20 Uhr,
Sa/So 9-20 Uhr, vom 1. Oktober bis 30. März Mo-Fr 6.30-19 Uhr, Sa/So 10-17 Uhr

6. Alfter

Im Zuge der kommunalen Neugliederung 1969 wurde aus den selbstständigen Gemeinden Alfter, Gielsdorf, Oedekoven, Impekoven und Witterschlick die neue Gemeinde Alfter.

Die geografisch und klimatisch begünstigte Lage in der Rheinebene und am Hang der südlichen Ville mit ihrem fruchtbaren Lößboden lassen Obst und Gemüse prächtig gedeihen. Vor allem der weithin gerühmte Spargel und der ungewöhnliche Brombeerwein „Rebellenblut" locken Besucher von weither an.

Alfter rühmt sich einer besonders gelungenen Integration von moderner Architektur in eine alte gewachsene Dorfstruktur. Fest verwurzelte Dorftraditionen wie die berühmte Anna-Kirmes haben ihren angestammten Platz neben einem reichhaltigen modernen Kulturangebot. Kulturelle Akzente setzt vor allem die 1975 gegründete Alanus-Hochschule. Sie ist in zwei historischen Gemäuern untergebracht: im Schloss Alfter und in dem ehemaligen Gut des Johanniterordens.

Tanzendes
Königspaar,
Hof von
Schloss Alfter
▼

AUF DEM „KULTUR-ERLEBNISWEG" DURCH ALFTER

Alles was recht ist: Die Alfterer haben gute Einfälle, was die Gestaltung und die Anziehung ihres hübschen Ortes angeht. So wurde 1995 anlässlich der Alfterer Kulturtage ein so genannter „Kultur-Erlebnisweg"
eingeweiht. Dahinter stand der kluge Gedanke, Kunst jenseits von elitärem Gehabe im Alfterer Alltag erfahrbar zu machen. Den Initiatoren dieser Idee, der Kulturkreis Alfter und die Alanus-Hochschule, ging es darum, historisch Vorgefundenes und Kunstproduktionen der aktuellen Gegenwart entlang eines vorbeschriebenen Weges sowohl für die Einheimischen als auch für die Fremden herauszuheben.

Der Spaziergang hat als einen Pol die Nähe des Schlosses und führt
über die verschlungenen Gassen durch das alte Alfter hinauf zu dem anderen Pol, zum historischen Johannishof mit dem Hauptsitz der Alanus-
Hochschule auf der Höhe der Ville.

Lassen Sie sich einmal ein auf diesen ungewöhnlichen etwa zweistündigen „Kulturgang" durch Alfter. Zur besseren Orientierung sind die Sehenswürdigkeiten am Wegesrand alle markiert mit einem Logo, das aus
einem blau-gelben Feld, einem „K" und der Ziffer in der Reihenfolge des
Abgehens besteht.

ALT UND NEU IM EINKLANG: DAS EVANGELISCHE GEMEINDEZENTRUM

Der Ausgangspunkt Hertersplatz
wird von oben bewacht von den beiden
wuchtigen Ecktürmen des Schlosses.
Und seitlich, in Steinwurfnähe des
Schlosses, erkennt man die geschweifte
Haube auf dem mächtigen Turm der katholischen Pfarrkirche. Vor so viel augenscheinlicher historischer Präsenz
sucht die kleine, erst 1996 eingeweihte
Anlage des evangelischen Gemeindezentrums sich zu behaupten.

Neues evangelisches Gemeindezentrum

Der Architekt und Dozent an der Alanus-Hochschule, Hildebrandt, nach dessen Entwürfen das christliche Refugium unterhalb des Schlosses gebaut wurde, hat mit einer individuellen Formensprache eine „Baupersönlichkeit" geschaffen, die trotz aller Eigenwilligkeit mit den beiden alten Bauten oberhalb harmoniert. Vor allem die Form des Daches trägt zu dem gelungenen Einklang bei.

Im Schlosshof tanzt ein Königspaar

Anfahrt:
Mit dem Auto: Von dem Beispiel einer Architektur aus unseren Tagen führt der Weg in die geschichtliche Vergangenheit zum Schloss Alfter (1). Vom Hertersplatz geht es den Schlossweg zunächst aufwärts, und dann biegt man an der Wegkreuzung nach rechts ab und kommt entlang des Schlossparks zur Toreinfahrt des Schlosses.

Beim Blick durch den Torbogen der Vorburg gewahrt man als Erstes eine ungewöhnliche Szene. Im Innenhof des Schlosses tanzt in einem Blumenbeet eine Königspaar mit goldenen Kronen auf den Häuptern. Die Skulptur ist eine Studentenarbeit der Alanus-Hochschule. An den gelblichen Fassaden des Barockschlosses hat die Zeit ihre Spuren hinterlassen. Der „Fahnenschmuck" besteht in den Regenfahnen unter den Fensterbänken. Aber auch das Patina des Alters hat seinen Charme, und vielleicht verleiht das Fluidum des alten Gemäuers den hier arbeitenden Kunststudenten die benötigte Inspiration.

▶ Sitz der Alanus-Akademie: Schloss Alfter

Das Schloss ist seit dem 15. Jahrhundert im Besitz der Fürstenfamilie Salm-Reifferscheidt. Mehrmals wurde die ehemalige Burg zerstört, bis sie dann 1721 als barockes Schloss neu errichtet wurde. Auch heute noch ist das Anwesen im Besitz der Fürstenfamilie. Die Gräfin Marie-Christine Wolff-Metternich hat die Schlossanlage an die Alanus-Hochschule bei deren Gründung verpachtet.

Nach Durchqueren des Innenhofs gelangt man zu der hohen Eingangspforte des Schlosses. Das Doppelwappen der Fürstenfamilie über dem Türbalken hat die Jahrhunderte unbeschädigt überstanden. Hinweisschilder geleiten den Besucher in den Hauptsaal, den Salon des Schlosses. Nur wenig ist hier noch von dem einstigen barocken Prunk zu sehen. Das vollständige Mobiliar und die wertvollen Seidentapeten wurden 1960 in das Salm-Reifferscheidtsche Stammschloss Dyck an den Niederrhein überführt. Lediglich der holzverkleidete offene Kamin und darüber ein Gemälde mit spielenden Putten lassen erahnen, wie der Salon früher einmal ausgesehen hat. Einmal noch erlebte das Schloss eine große Zeit mit der so genannten „Donnerstagsgesellschaft", so genannt, weil der Gründungstag auf einen Donnerstag fiel.

Zwischen 1947 und 1950 erhoben renommierte Künstler und Politiker der Nachkriegszeit das Schloss zu einem kulturellen Zentrum. In dem damals noch ausgestatteten Salon fanden Vorträge und „performances" statt, zu denen die Kultur-Elite aus ganz Deutschland anreiste. Der kunstliebende damalige Hausherr, Fürst zu Salm-Reifferscheidt, stellte großzügig die Räumlichkeiten des Schlosses für die Veranstaltungen zur Verfügung.

Auch heute öffnet das Schloss wieder der Öffentlichkeit Tür und Tor. In der Adventszeit bietet die Schlossanlage das Szenario für einen von der Bevölkerung viel besuchten Kunsthandwerkermarkt. Und auch das Theater Orplid aus Alfter nutzte das historische Gelände und den Ort als Theaterkulisse für die Aufführungen „Die kleine Hexe", an denen über 50 Laienspieler aus dem Ort mitmachten.

HELD WIDER WILLEN: DAS WILHELMINISCHE SOLDATENDENKMAL

Vom Eingangstor des Schlosses setzt man den Weg fort entlang einer spätromanischen Ziegelsteinmauer (2), sie umschloss einmal die Anlage des St. Anna-Klosters, das bis 1803 bestand. Das ehemalige Augustinerinnen-Kloster verehrte die Marienmutter. Die Tradition lebt in Alfter heute noch fort in der kleinen Anna-Kirmes.

Rechter Hand passiert man die neugotische Pfarrkirche St. Matthäus (4). Der heilige Matthäus ist auch der Patron der so genannten „großen"

▲ Schöner Türgriff an der Matthäuskirche

▲ Ein „Held wider Willen" am Hertersplatz

Kirmes von Alfter im September. Werfen Sie einmal einen Blick auf die Tür auf der anderen Seite der Kirche. Die Gestaltung des Türgriffs als „Sündenfall" ist eine gelungene Arbeit von 1964 des Bildhauers Helmut Moos der Kölner Schule.

Über Treppenstufen geht es weiter bergab bis zur Hauptstraße Am Herrenwingert. Links hat ein wilhelminischer Soldat mit Pickelhelm und aufgepflanztem Bajonett Aufstellung genommen (6). Eingeweiht wurde das Kriegerdenkmal 1914 noch vor Beginn des Ersten Weltkrieges. Es erhält durch die Jahreszahl den negativen Beigeschmack einer Heldenverehrung, die den Opfertod als „Pflicht" für das Vaterland glorifiziert; noch nachhaltiger sagen es die in Marmor geschnittenen Zeilen: „Das Höchste gaben sie im Dienst der Pflicht. Vergiss, mein Volk, die teuren Toten nicht." Die erst später hinzugefügten Tafeln der Gefallenen beider Weltkriege sind dem Gedenken der Toten gewidmet.

EIN PREISGEKRÖNTES FACHWERKHAUS DEMONSTRIERT DIE ALTE BAUWEISE

In zwei beispielhaften Eigeninitiativen zu ganz unterschiedlichen Zeiten zeigten Alfterer Bürger die Liebe zu ihrem Ort. Ein Mahnmal ganz anderer Art als das Kriegerdenkmal steht ein paar Schritte weiter nach rechts in dem Pfarrgarten dicht an der Straße (7). Das Hochkreuz mit dem für den ländlichen Barock typischen Ausdruck wurde 1686 von einem finanziell gut gestellten Ehepaar aus Alfter gestiftet. Dieses finanzierte in dieser Zeit die erste öffentliche Schule für den Ort.

Bevor es nach links in die Lukasgasse abgeht, verweile man vor dem Fachwerkhaus Nr. 13 auf der Ecke (8). Dieser ehemalige Winzerhof von 1778 gilt als Prototyp der geschlossenen Hofanlage, wie sie im alten Alfter häufig vertreten war. Die heutigen Besitzer, ein Architekten-Ehepaar, hatten das Haus 1990 mit traditionellen Materialien und Handwerkstechniken renoviert. Rechts oberhalb der Tür ist der Verputz weggelassen und Passanten gewahren das Flechtwerk mit dem Lehm-Stroh-Gemisch. Die Mühe und Arbeit wurden den Hausbesitzern belohnt mit einer Auszeichnung auf Bundesebene. Folgt man jetzt der Lukasgasse, so stößt man an der Einmündung Am Herrenwingert gegenüber einem Spielplatz auf eine abstrakte „Bronze-Skulptur" des Alfterer Bildhauers Andreas Kienlin (10). Nach rechts geht es nun in die schmale Bachstraße ab, wo an der Ecke zur Knipsgasse über der Eingangstür zur Gaststätte die geflügelte Viktoria mit Siegerkranz wacht, ein Fertigteil aus dem 19. Jahrhundert (12).

▲ Das barocke Kruzifix schaut auf den Hertersplatz

Genau gegenüber liegt an der Knipsgasse das Hotel-Restaurant „Spargel-Weber", dass sich wegen seiner köstlichen Spargelgerichte zu einer Berühmtheit im Köln-Bonner Raum gemausert hat. Man folgt der Bachstraße, unter der unterirdisch der Görresbach verläuft, sieht an der rechts einmündenden Meiersgasse die Türme des Schlosses herübergrü-

▲ Fachwerk-Demonstration, Lukasstraße 13

ßen und gelangt auf ein Wiesengelände mit einem rechts des Weges liegenden Ententeich, der vom Görresbach gespeist wird.

Wie im Schlosspark oder im Ort, so stehen auch hier zeitweise Skulpturen im Gelände. Es handelt sich meist um Abschlussarbeiten von Alanus-Studenten, die ihre Werke auf Zeit im freien Gelände ausstellen. An dieser Stelle wirkt Alfter sehr ländlich; alte Gehöfte stehen neben modernen Bauten, wie der Blick zur Hügelkuppe rechts zeigt.

Nach 150 m stößt man auf die Straße Olsdorf, der man durch den Ort Olsdorf hindurch folgt bis zu einem Wegkreuz von 1886 (18) zwischen zwei alten Zypressen. Hier geht man ein paar Schritte nach rechts und biegt dann nach links in einen versteckten Gartenweg ein, der auf den Johannishof zuführt. Unterwegs erhält man an einem Gehege auch einen Einblick auf eine Tierhaltung (20). Der ehemalige landwirtschaftliche Betrieb des Johannishofs beherbergt seit 1973 die Alanus-Hochschule (21). Das Gut wurde zu diesem Zwecke umgebaut und mit einer Reihe von An- und Zusatzbauten versehen.

DIE ALANUS-KUNSTAKADEMIE NENNT SICH „HOCHSCHULE FÜR KUNST UND GESELLSCHAFT"

Im französischen Chartres lehrte im 12. Jahrhundert ein „Doktor Universalis" die sieben Künste. Dieser Gelehrte, er hieß Alanus, hatte schon damals den pädagogischen Wert des ganzheitlichen Lernens, der Interdisziplinität erkannt. Die Gründer der Hochschule in Alfter hatten 1975 gleiches im Sinn wie ihr Vorbild aus Chartres. Sie entwickelten ein Konzept, in welchem sich verschiedenste Künste und Geisteswissenschaften in produktivem Dialog gegenseitig inspirieren können. Die Bildenden Künste oder Architektur werden ebenso gelehrt wie Schauspiel / Sprachgestaltung oder Eurythmie. Man bereitet die Studenten darauf vor, in ihren späteren Berufen gesellschaftlich etwas zu bewegen. Deshalb werden auch für eine Kunsthochschule ungewöhnliche Lehrveranstaltungen wie Sozial- und Wirtschaftswissenschaften angeboten.

Mit dem Alanus-Werkhaus wurde 2002 ein ergänzendes Seminar- und Lehrhaus für interessierte Erwachsene geschaffen. Dort kann sich jeder beruflich oder privat weiterbilden, ganz im Sinne der anthroposophischen Bewegung, die einzelne Menschen und deren Initiativen und daraus entstehende Synergie-Effekte fördern will.

Die staatlich voll anerkannte Kunsthochschule fand in dem ehemaligen Rittergut Johannishof einen idealen Standort. Es liegt umgeben von Wiesen mit Obstbäumen am Rande des Villerückens mit weitem Blick über die Köln-Bonner Bucht. Die Studenten nutzen bei gutem Wetter das landschaftliche Terrain als Freiluftateliers.

Das zweite „Standbein" der Alanus-Hochschule besteht in der gepachteten barocken Schlossanlage im Ortskern von Alfter.

AN HÖCHSTER STELLE EIN WASSERTURM

ANFAHRT:
Mit dem Auto: Vom Hertersplatz in Alfter über Kronenstraße, Pelzstraße in die nach rechts abbiegende Gielsdorfer Straße, sie geht in die Alfterer Straße über. Im Ortsteil Gielsdorf zweigt rechts die Kirchgasse ab, die zum Wasserturm hochführt.

Ein kleiner Abstecher von Alfter aus führt zum Oedekovener Wasserturm auf die Höhe der Ville. An dem beschriebenen Anfahrtsweg liegen schöne Fachwerklandhäuser, und durch die engen, abwärtsführenden Straßen geht der Blick weit über die Köln-Bonner Bucht. An der Kirchgasse liegt auf einer Anhöhe die Pfarrkirche St. Jakobus. An der höchsten Stelle der Straße ist das Plateau der Ville erreicht; links der Straße hat der Wasserturm seinen Standort erhalten, der sehr dem von Bornheim-Brenig ähnelt. Auf dem großen Spielplatz rechts der Straße kann für die Kinder eine Spielpause eingelegt werden.

▲
Bildschöne Fachwerkhäuser in Oedekoven

▶ Altes Landhaus in Alfter-Oedekoven

Im Wonnemonat Mai ist Spargelsaison im Vorgebirge – auch bei „Spargel-Weber"

Wenn die Obstbäume und Fliederbüsche an den Hängen des Vorgebirges zwischen Brühl und Alfter ihre volle Blütenpracht entfalten, spannen die Spargelbauern breite Folienbänder über die schmalen Ackerflure. Sie schützen die empfindlichen Spargelsprösslinge gegen die Nachtkälte. Die Menschen dieser Region wissen: Nun beginnt wieder die kurze Spargelsaison.

Schon in der Frühe regen sich viele Hände und trennen die empfindlichen weißen oder grünen Stangen mit einem Spargelstecher ab. „Stechen" nennt man diesen Arbeitsvorgang. Dabei erleichtern die locker aufgehäufelten Erdreihen das Stechen von den seitlichen Furchen aus. Schluss mit dem Stechen ist traditionsgemäß am 24. Juni, dem Johannistag.

In dieser kurzen Zeit heißt es bei „Spargel-Weber" in Alfter täglich „volles Haus". Und auch hier werden geschickte Hände gebraucht: zum Spargelschälen. Denn Spargelgenießer aus dem gesamten Köln-Bonner Raum reisen an, um in dem traditionsreichen Gasthof, der als Einziger in Deutschland den Zusatz „Spargel" im Namen führt, ihren Gaumen verwöhnen zu lassen. Wer kennt sie nicht, die Lust auf ein Spargel-Essen, die einen schon beim bloßen Anblick der weißen Stangen mit den zarten Köpfen vor der Gemüseauslage im Laden überkommt. Das Essen wird beinahe zum Ritual: Die Spargelstange im Mund genießerisch lutschen, derweil die zerlassene Butter aus dem Mundwinkel rinnt.

Neben Spargelgerichten mit anderen Beilagen halten die Spargel-Webers auch fest an ihrem fast schon klassischen Traditionsgericht: Ein ganzes Pfund frisch gestochener Spargel kommt auf den Tisch, und dazu werden eine Schinkenplatte, zerlassene Butter, Eierkuchen und Frühkartoffeln gereicht. Man hat sich an den Schinken als Beilage gewöhnt, obwohl das ursprünglich nicht eine Frage des Geschmacks war. Früher schlachtete man die Schweine im Winter, und der Schinken hatte just zur Spargelzeit die richtige Reife. Und auch die ersten Kartoffeln wurden jetzt geerntet – so hatte man gleich dreifachen Genuss.

Der kulinarische Geschmack des Stangenspargels sprach sich in deutschen Landen schon früh herum, und auch die Bauern des Vorgebirges holten sich bereits im 18. Jahrhundert die lukrative, weil Genuss versprechende Pflanze vom Oberrhein in die Kölner Bucht. Etwa hundert Jahre später, im Jahre 1858, ließ eine Familie Weber aus Alfter einen Wirtshausbetrieb mit eigenem Spargelanbau ins Handelsregister eintragen. Die Spargelgerichte müssen damals schon vortrefflich gemundet haben. Denn es wird berichtet, dass der in Bonn studierende Kronprinz öfter mit Studienkollegen in dem Gasthof zum Spargelessen einkehrte. Die Wirtsleute benannten daraufhin ihre Restauration stolz „Zur deutschen Kaiserhalle". Seit 1970 führen eine Urenkelin der Gründerfamilie und ihr Mann die Tradition des Alfterer Spargel-Hauses fort.

Für Gesundheitsapostel sei ergänzend gesagt: Spargel ist kalorienarm und äußerst reich an Vitaminen und Ballaststoffen. Die Aminosäure Asparagin verdankt übrigens ihren Namen der lateinischen Spargel-Bezeichnung „asparagus".

Allgemeine Informationen

Gemeinde Alfter www.alfter.de / rathaus@alfter.de
Am Rathaus 7 / 53347 Alfter / Tel. 0228-64 84-119
Landkarte: Ortsplan der Gemeinde Alfter (kostenlos)

Restaurants mit Außengastronomie

Spargel-Weber www.spargelweber.de / spargelweber@t-online.de
Knipsgasse 24-26 / 53347 Alfter / Tel. 02222-22 79
traditionelles Gasthaus für Gerichte mit frischem Spargel (besonders Mai-Juni)

Zur Krone www.hotel-gasthaus-zur-krone.de
Kronenstraße 17 / 53347 Alfter / Tel. 02222-28 89 oder 94 03-0

Gourmet-Garten
Alfterer Straße 2 / 53347 Alfter-Oedekoven / Tel. 0228-964 93 36
China-Restaurant mit Sonnenterrasse

Kulturelles

Alanus-Hochschule www.alanus.edu
Johannishof / 53347 Alfter / Informationen: Tel. 02222-93 21-0
Sonntagsmatineen mit Brunch / Karten und Informationen: Tel. 02222-93 21 15

Schloss Alfter
Alanus-Hochschule Gemeinnützige GmbH
Informationen Mo-Fr 9-11 Uhr / Tel. 02222-932 10 / nur Außenbesichtigung

▲
Matthäuskirche in Alfter

◄ Landsitz-Idylle: Haus Rankenberg in Bornheim-Dersdorf

7. Porz

Die Kölner Stadtteile im südlichen Köln rechts des Rheins gehören zum Stadtbezirk 7 (Porz). Er war 1929 aus einem Zusammenschluss von 15 Gemeinden entstanden, hatte 1951 die Stadtrechte erhalten und wurde 1975 im Zuge der Gebietsreform nach Köln eingemeindet.

Überregional bekannt sind der Köln-Bonner Konrad-Adenauer-Flughafen und das Zentrum der Deutschen Luft- und Raumfahrt in der Wahner Heide. Beliebte Ausflugsziele und Naherholungsgebiete sind Gut Leidenhausen in Eil mit Waldmuseum, Obstmuseum und Greifvogelstation, Schloss Wahn und die rechtsrheinische Auenlandschaft. Die romantische Zündorfer Groov mit ihrer einladenden Außengastronomie und zahlreichen Freizeitangeboten kann auch mit einer Personen-/Fahrradfähre vom linksrheinischen Köln-Weiß aus erreicht werden.

Sportboot-
Hafen,
Zündorf
▼

ROMANTISCHE RHEINGASSEN, BIERGÄRTEN AN EINEM BINNENSEE UND EIN ZAHMES KROKODIL IM RHEIN – DIE ZÜNDORFER GROOV IST EIN IDYLLISCHES NAHERHOLUNGSZIEL

ANFAHRT:
Mit dem Auto: Von Köln über die A 4 bis Abfahrt Köln-Poll. Nach rechts in die Kölner Straße einbiegen. Dieser durch die Stadtteile Westhoven, Ensen und danach über die Hauptstraße durch Porz und Zündorf folgen. Ziemlich am Ortsende von Zündorf biegt rechts die Trankgasse ab, die zum Parkplatz am Zündorfbad führt (das Bad ist ausgeschildert), wo sich eine größere Parkfläche befindet.
Mit der Bahn: Stadtbahnlinie 7 bis zur Endhaltestelle in Zündorf.

Die Zündorfer Groov rühmt sich mit Recht , das schönste Naherholungsgebiet im Kölner Süden zu sein. Neben den vielen motorisierten Sonntagsausflüglern, die an warmen Sommertagen den romantischen Stadtteil aufsuchen, sind es vor allem Radfahrer aus der Domstadt, die sich die Groov als Ziel aussuchen. Viele setzen mit der Fähre vom gegenüberliegenden Weiß aus

Die alte romanische Kirche St. Michael, Niederzündorf

über. An schönen Wochenenden bilden sich am anderen Ufer lange Warteschlangen, obwohl der Fährmann im Sommer mit der „Frika" das größere der beiden Fährschiffe einsetzt. Wenn weniger Betrieb ist, reicht das kleine „Krokodil" aus, um die Hand voll „Drahtesel" überzusetzen.

Autofahrer finden am ehesten einen Parkplatz vor dem Zündorfbad am Südende der Groov. Über den Fahrweg Unterm Berg ist man von hier zu Fuß in wenigen Minuten im Zentrum der Groov. Unterwegs verlockt ein großes Spielgelände die Kleinen zum Austoben. Die Eltern lassen sich derweil auf einer der schattigen Ruhebänke oder auf der benachbarten Terrasse einer Pizzeria nieder.

Gegenüber können kleine Radrennfahrer auf einer ovalen, abgeschrägten ehemaligen Gokart-Bahn ein paar schnelle Runden drehen. Als gute Idee erweist sich auch, die Tischtennisschläger mitzubringen und den Vater auf ein heißes „match" an einem der fest installierten Tischtennisplatten herauszufordern. Ein paar Schritte weiter messen „Mini-Golfer" ihre Geschicklichkeit auf der „Internationalen Minigolf-Sportanlage". Hier werden häufig Meisterschaften ausgetragen.

Übrigens: Auch wer kein Fahrrad dabei hat, kann in der Groov „treten". Am Ufer des Binnensees warten Tretboote auf „Seeräuber". Das lang ge-

Spaß mit Tretbooten: Obere Groov

zogene Binnengewässer wird durch einen künstlichen Damm in die südliche Obere Groov und die nördliche Untere Groov getrennt. Einst floss hier ein Rheinarm, und die Häuserfront der Fußgängerzone lag am Ufer des Rheins. Auf der Insel zwischen Strom und Seitenarm wurde noch bis zur Mitte des 18. Jahrhunderts Wein angebaut. Erst als man das Ufer bei der Rheinregulierung 1853 in der heutigen Form befestigte und auch den Rheinnebenarm vom Hauptstrom abschnitt, versandete der alte Rheinarm, und es blieb nur der Binnensee übrig. An dessen Nordende legten die Zündorfer einen Sportboothafen an. Aber auch schon in frühen Zeiten war Zündorf Anlaufstelle von Schiffen, allerdings mit dem zwielichtigen Ruf eines Schmugglerhafens.

Schuld an dieser Entwicklung hatte das so genannte Stapelrecht der Stadt Köln. Die Rheinschiffe mussten an Stapelplätzen am Kölner Rheinufer ihre Waren ausladen und einige Tage lang auf den Kölner Märkten anbieten. Dazu hatten sie auch noch Zölle zu entrichten. Grund genug für die Handelsherren, mit einem Trick diese hohen Zusatzbelastungen im wahrsten Sinne des Wortes zu umgehen: Die Schiffe luden weit vor der damaligen Stadtgrenze hier in Zündorf ihre Waren ab und führten sie zu Land im Bogen um Köln herum bis Mülheim. Aus dieser Zeit des florierenden Rheinhandels stammen in Niederzündorf noch etliche schöne Fachwerkhäuser der einstigen gut betuchten Handelsherren. Während man nämlich im 19. Jahrhundert vielerorts die Fachwerkhäuser durch Backsteinbauten ersetzte, hatte man in Zündorf nach dem plötzlichen Niedergang des Rheinhandels kein Geld mehr für derartige Hauserneuerungen. Ein Glück, denn so blieben uns einige der schönen, alten Fachwerkbauten erhalten, wie das Haus Nr. 18 auf der Kirchstraße. Ein besonderes Kleinod des Fachwerkbaus steht an der Ecke Kirchstraße/Burgweg 9. Das spitzgiebelige Häuschen stammt noch aus dem Jahre 1677.

Geht man ein Stück den Burgweg aufwärts, liegt rechter Hand auf einer leichten Anhöhe und inmitten des mittelalterlichen Friedhofbezirks die romanische Kirche St. Michael mit ihrem reich verzierten, wuchtigen Vierkantturm. Der Bau aus dem 11. Jahrhundert ist der älteste dieses Kölner Stadtgebietes.

Es lohnt sich auch, einmal einfach wahllos durch die engen Gassen Niederzündorfs zu schlendern und Blicke in einige der verwunschenen Gärten zu werfen. Neues steht neben Altem, moderne Architektur neben alten Klostermauern, und mittendrin liegt ein ökologisch angelegter Garten. Gerade das ländliche Ambiente des alten Rheindorfs übt auf den Städter den besonderen Reiz als beliebtes Ausflugsziel aus.

▲
Kleinod des Fachwerkbaus: Burgweg 9

Und nach dem Bummel kann sich der Besucher vor der Front eines der reich verzierten, traditionsreichen Gasthäuser am Binnensee auf einem Terrassenstuhl bei einem Kölsch erholen.

Auch die Gemütlichkeit hat in Zündorf ihre Tradition. Da steht zum Beispiel an der Ufermauer unweit des Gasthofs „Turmhof" noch das kleine Teehaus einer ehemals ortsansässigen Brauerei. Der kleine Jugendstil-Pavillon aus dem Jahre 1910 ist offensichtlich eine Lebensgemeinschaft mit der benachbarten, uralten, denkmalgeschützten Trauerweide eingegangen.

▲
Steht hochwassergeschützt: der hl. Nepomuk

An den Wänden der Wirtshäuser fallen die Hochwassermarken ins Auge, wie am Am Markt 8, wo gleich drei Wasserstände markiert sind, die von 1882, 1993 und 1995, und darauf verweisen, dass die Stelle extrem hochwassergefährdet ist. Deshalb steht der hl. Nepomuk im Zentrum der Zündorfer Groov auch auf einem besonders hohen Sockel.

VERHUNGERT ODER VERDURSTET IST NOCH NIEMAND IN DER GROOV

Die kurze Fußgängerzone Am Markt ist Trink- und Essmeile der Groov. Nicht in abgeschirmten, isolierten Biergärten sitzt man, sondern „mitten auf der Straße", auch um zu sehen und gesehen zu werden.

Kommt man vom Parkplatz am Zündorfbad, so stößt man als Erstes auf die Pizzeria „La Veranda", die wie es der Name andeutet, erhöht oberhalb des Weges liegt. Die Terrasse ist ein idealer Aussichtsplatz, auch um die eigenen Kinder auf dem Spielgelände oder auf dem Minigolfplatz nebenan zu beaufsichtigen. Gegenüber am Minigolfplatz kann der Erschlaffte sich in einem Biergarten stärken. An der Fußgängerzone Am Markt liegen die Terrassen-Restaurants in dichter Nachbarschaft.

In dem Doppelhaus Nr. 8 zunächst das „Bodega". Das spanische Restaurant steht in dem Ruf, hervorragende Steaks zu servieren. Wer den Geldbeutel schonen will, dem reicht auch eine Portion Tortillas. In der anderen Haushälfte im alteingesessenen Wirtshaus „Nepomuk" setzt man auf gute, alte, deutsche Küchentradition. Rechts geht der Burgweg zur Kirche St. Michael hoch. An der Ecke unten macht sich der Biergarten „Zum Scheurer" ganz klein.

Schlendern Sie von hier den Burgweg hoch, und werfen Sie einen Blick in den Bitzhof (Nr. 12). Der liebevoll restaurierte Fachwerkbau stammt aus dem Jahr 1836 und beherbergte wechselnde Restaurationsbetriebe.

Zurück in der Fußgängerzone stößt man an der Ecke zur Marktstraße auf das „Landhaus Zündorf" (Am Markt 6). Auch hier fühlt sich wohl, wer die deutsche Küche schätzt. Die weiträumigste Außengastronomie weist die „Groov Terrasse" auf: Die Stühle rücken bis an die Ufermauer des Binnensees Obere Groov. Während „Herrchen" sich mit einem kühlen Bier „erfrischt", löscht sein Vierbeiner an der extra eingerichteten Hundestation seinen Durst.

Lange Zeit war das am nördlichen Rand der Fußgängerzone gelegene ehemalige idyllische Gartenlokal „Turmhof" Zielpunkt der aus Köln Anradelnden, inzwischen wird der Turmhof zu Wohnzwecken genutzt. Seinen Namen bezog er von dem benachbarten Wehrturm, der seit dem 12. Jahrhundert die Hafenanlagen bewachte und im Jahre 1425 Zollturm wurde. Die Stadt erwarb den geschichtsträchtigen Turm in den 1970er Jahren von einem Landwirt und ließ ihn durch den Architekten Prof. Gottfried Böhm zu einem Museum ausbauen. Die Eröffnung des „Museums im Zündorfer Wehrturm" konnte 1980 gefeiert werden. Neben einer ständigen Ausstellung „Porz – Geschichte eines Stadtteils" finden auf den neun versetzten Ebenen des Turms von einem emsigen Förderverein gestützte Kunstausstellungen und musikalische Veranstaltungen statt. Daneben lädt der attraktive ehemalige Wehrturm auch zu pädagogischen Veranstaltungen und museumspädagogischen Kursen ein.

Auf Schloss Wahn lagern Theaterschätze

Anfahrt:
Mit dem Auto: Über die A 59 (Flughafenautobahn) bis Abfahrt Köln-Porz-Wahn. Nach rechts in die Heidestraße (L 489), nach Überquerung der Frankfurter Straße über die Sebastianus-straße bis zu der rechts abbiegenden kleinen Burgallee, die zum Schloss führt.
Mit der Bahn: Mit der Deutschen Bundesbahn bis Bahnhof Wahn, von hier führt ein kurzer Fußweg zur Burgallee.

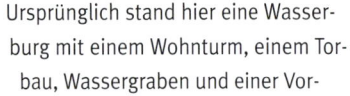

Ursprünglich stand hier eine Wasserburg mit einem Wohnturm, einem Torbau, Wassergraben und einer Vorburg. In der repräsentationsfreudigen Zeit des Barocks wurde sie zu dem Schloss umgebaut, wie man es heute vorfindet.

Man betritt die Vierflügelanlage von Süden aus von der Burgallee. Der Toreinfahrt gegenüber auf der Nordseite liegt das Haupthaus, das „maison de plaisance". In seinem Innern entfaltet sich die ganze barocke Pracht in repräsentativen, historischen Räumen:

▲ Alte Trachtenmaske
Sammlung in Schloss Wahn

einem Gartensaal, dessen Wände mit Ölgemälden bespannt sind, einem mit wertvollen Chinoiserien ausgestatteten Chinesischen Zimmer und einem pompejanischen Zimmer westlich des Gartensaals.

Schloss Wahn, seit 1820 im Besitz der Familie von Eltz-Rübenach, ist seit 1947 an die Universität Köln vermietet. In den Nebenräumen des Schlosses wurde die von Prof. Dr. Carl Niessen gegründete Theaterwis-

▼ Im Innenhof von Schloss Wahn

senschaftliche Sammlung der Universität untergebracht. Es lagern dort so historische „Schätze" wie eine umfangreiche Sammlung von Masken der süddeutschen, österreichischen und schweizer Fastnacht. Auch einige ausgemusterte Stockpuppen aus dem Hänneschen-Theater haben hier ihre letzte Ruhestätte gefunden. Und in den schönen repräsentativen Schlossräumen finden Konzerte und Ausstellungen statt.

GUT LEIDENHAUSEN:
FAMILIENAUSFLUG ZU GREIFVÖGELN UND APFELBÄUMEN

ANFAHRT:
Mit dem Auto: Über die A 559 bis AB Gremberghoven. Die Frankfurter Straße (B 8) nach rechts bis zur Straße Hirschgraben. Parken hinter der Autobahnunterführung. Oder über die A 3 bis Abfahrt Königsforst und nach rechts auf die Bensberger Straße und den Heumarer Mauspfad. Nach rechts in die Straße Hirschgraben einbiegen. Parken auf dem großen Parkplatz an der Straße.

Dieses Mal soll der Familienausflug am Wochenende einen ganz besonderen Erlebniswert bekommen. Das Ziel ist Gut Leidenhausen in der Nähe des Porzer Ortsteils Eil am Rande der Wahner Heide, obgleich für den linksrheinischen Kölner Ausflugsziele im Rechtsrheinischen noch häufig genug „weiße Flecken" auf seiner Landkarte darstellen. Das mittelalterliche ehemalige Rittergut erhielt sein heutiges Aussehen Mitte des 18. Jahrhunderts und durch Erweiterungsbauten 1920/30.

Im Jahre 1963 wurde es von der Stadt Köln aufgekauft, restauriert und zu einem Naherholungsgebiet umfunktioniert. Es vermittelt interessante Naturerfahrungen und bietet Familienausflüglern in diesem schönen Stück Natur Freizeitaktivitäten unmittelbar vor der Haustüre. Vor allem für Kinder wird dieser Ausflug zu einem lehrreichen Erlebnis.

Beim Spaziergang durch das große Areal des Guts trifft man auf ein Wildgehege. Die besondere Attraktion ist eine Greifvogel-Schutzstation. Und damit es ein richtig erholsamer Familienausflug wird, gibt es auch einen Grillplatz, Liegewiesen und für die Kinder einen riesigen Sandspielplatz mit einer abenteuerlichen Seilbahn.

Die Sportlicheren unter den Besuchern können auf einer rund 12 km langen Wegstrecke den Wald neu für sich entdecken. In dem Museum „Haus des Waldes" erfährt man alles Wissenswerte zu Themen der Ökologie und Geschichte des Waldes. Wer sich dagegen mehr für Kulturpflanzen interessiert, der kann in der Anlage eines als Garten angelegten „Obstmuseums" Äpfel und anderes probieren.

Rasante Talfahrt: Spielplatz von Gut Leidenhausen

HAST DU SCHON EINEN VOGEL?
GREIFVOGELSTATION BIETET PATENSCHAFT AN

Wenn du gestürzt bist und dich böse verletzt hast, hilft dir ein Doktor, schlimmstenfalls kommst du in ein Krankenhaus. Hast du einmal überlegt, was ein Bussard zum Beispiel machen soll, wenn er sich ernsthaft verletzt? Vögel in der freien Natur haben keinen Arzt, und häufig müssen sie, wenn sie krank werden, hilflos und elendig sterben. Der Bussard gehört wie die Eule, das Käuzchen, der Uhu, der Habicht, der Falke und der Sperber zu einer Vogelgruppe, die „Greifvögel" genannt wird. Warum wohl? Richtig, weil sie ihre Beute mit krallenbewehrten Zehen wie mit Händen ergreifen können. Viele dieser schönen Vögel habt ihr sicher schon in der Natur gesehen, zum Beispiel wenn sie am Himmel ihre Kreise ziehen und mit scharfen Augen nach einem Mäuschen spähen.

Als die Stadt Köln das Gut Leidenhausen übernommen hatte, richtete man als Erstes eine Art Krankenstation für verletzte Greifvögel ein. Im Jahr 1994 übernahm ein Verein, die Schutzgemeinschaft Deutscher Wald Köln e.V., die Betreuung der Vogelstation. Du kannst die Greifvögel wie in einem Zoo in ihren Gehegen aus nächster Nähe beobachten. Sie sind alle krank oder verletzt von mitleidigen Menschen hierher gebracht worden, damit sie gesund gepflegt werden. Danach entlässt man sie wieder in die freie Natur – „auswildern" wird das genannt. Manchmal werden auch hilf-, weil elternlose, Jungvögel zur Station gebracht. Die Pfleger „päppeln" sie dann auf, bis sie ausreichend groß und stark genug sind, um wieder in die Freiheit entlassen zu werden. Andere Tiere sind so stark behindert, dass sie in der freien Natur nicht mehr existieren könnten. Ihnen gibt man für immer ein Zuhause in der Station. Auch von Menschen gezähmte Vögel hätten „draußen" keine Überlebenschancen und erhalten hier eine Bleibe. Ihr könnt euch denken, dass die Vögel keiner Krankenkasse angehören, die für die Kosten der Pflege und das Futter aufkommt. Um die Greifvogel-Schutz-station erhalten zu können, hat man sich daher etwas ganz Besonderes einfallen lassen. Du kannst nämlich für eines der Tiere eine Patenschaft übernehmen. Vielleicht hast du bald Geburtstag und lässt dir eine Paten-schaft schenken. Du kannst dir dein „Patenkind" selber aussuchen und es auch hin und wieder besuchen.

Die Höhe des Spendenbetrags ist unterschiedlich. Das kommt auf den Vogeltyp an. So ist die jährliche Patenschaft für eine Krähe schon für 30,- Euro zu haben. Dagegen muss man für eine Eule schon ganze 100,- Euro hinblättern. Du erhältst als Anerkennung für deine Patenschaft eine rich-tige Urkunde.

Im Obst-Museumsgarten sind Äpfel noch „richtige" Äpfel

Haben Sie sich auch schon einmal über gekaufte Äpfel geärgert, weil sie nicht hielten, was ihr Aussehen versprach. Den größten Teil des Obstes, das heute in den Geschäften und auf den Märkten angeboten wird, baut man in riesigen, pflegeleichten Plantagen an. EG-Normen schreiben eine Verein-heitlichung in Gewicht und Größe vor. Die Folge ist, dass immer weniger Obstsorten
angebaut werden, und immer weniger, die auch wirklich schmecken. Dem will die Schutzgemeinschaft Deutscher Wald Köln e.V. entgegentre-ten. Auf einem 11 000 m² großen Gelände des Guts Leidenhausen hat der Verein viele der vom Aussterben bedrohten Obstbäume angepflanzt und bewahrt sie damit vor dem Verschwinden. Der Besucher und Hobby-Gärt-ner kann sich an Ort und Stelle von der Qualität und dem Geschmack der Früchte überzeugen, indem er sich zum Beispiel einen Apfel vom Baum pflückt und ihn kostet.

In einem Begleitheft zum Museumsgarten kann man überdies nachlesen, welche besonderen Eigenschaften und Merkmale die Obstsorte aufweist. Und ein Plan des Gartens hilft bei der Suche. In einem Fachwerkhaus er-hält man dazu noch Informationen über Ausstellungen, die zeitweise zu bestimmten Themen angeboten werden.

Im ländlichen Langel begegnen sich „Drahtesel" und Pferde

Anfahrt:
Mit dem Auto: Von Porz-Zündorf über die Hauptstraße und den Loorweg bis zur Lülsdorfer Straße in Langel. Beliebig im Ort parken und „flanieren".
Mit dem Fahrrad: Von der „Groov" über den Radweg auf dem Hochwasserschutzdamm bis Langel.

Am Ortseingang von Langel gewahrt man als Erstes den trutzigen Mühlenstumpf der alten Langeler Mühle rechts der Straße. Lassen Sie das Auto stehen, und „flanieren" Sie durch den Ort, wenn Sie sich in Richtung Rhein orientieren, kommen Sie an einen lang gezogenen Binnensee hinter dem Rheindamm.

Von den beschriebenen Rheinanliegerorten hat Langel noch am ehesten seine ländliche Idylle bewahrt, auch wenn viele der alten Bauernhöfe aus dem Ortsbild verschwunden sind. Pferdekoppeln und Ställe sind an ihre Stelle getreten. Man muss immer damit rechnen, dass ein „Drahtesel" auf einen Reiter trifft.

Befährt man die Landstraße zwischen Zündorf und Langel, blickt man über riesige Ackerflure, auf denen je nach Jahreszeit Getreide, Zuckerrüben, Kartoffeln, Gemüse und Obst angebaut werden. Noch eindrucksvoller ist der Blick vom Radweg auf dem Hochwasserschutzdamm aus, der verhindert, dass die Hochwasser Orte und Flure unter Wasser setzen.

Dieses landwirtschaftlich genutzte Gebiet des Langeler Bogens macht seit 1985 von sich reden durch die vorbildliche, ökologische Zusammenarbeit zwischen Land- und Wasserwirtschaft.

▶ Grüßt an der Ortseinfahrt: die Langeler Mühle

IM LANGELER BOGEN GEHT ES UM „DRÜBER UND DRUNTER"

Radfahrer und Spaziergänger er-
blicken häufig längs der Wege im
Langeler Bogen ein Schild mit
dem Logo „DRÜBER UND DRUN-
TER". Landwirte der Gegend
sind gerne bereit, Auskunft darüber zu geben, was sich dahinter
verbirgt. Die hohe Nitratbelastung
der Böden in dieser Region führte
1985 zu einer ersten Zusammenarbeit zwi-

schen ortsansässigen Landwirten und der Rechtsrheinischen Wasser-
versorgungs AG. Dem gegründeten Arbeitskreis „Ackerbau und Wasser" schlossen sich 80% aller Landwirte an, die etwa 4000 ha Acker-
land im Langeler Bogen bewirtschaften. Hinzu kamen die Wasserwerke
von Niederkassel und dem östlich gelegenen Eschmar. Nun versteht
man auch das Logo. Es symbolisiert die Arbeitsteilung: Die Landwirte
sind zuständig für das Drüber, also für den Boden, die Wasserwerke für
das Drunter, also für das Grundwasser.
Neben vielen anderen Erfolgen wurde auch das Nitrat-Problem längst
beseitigt. Die Landwirte konnten die Düngemittel aus ökologischer
Sicht sinnvoller einsetzen und die
Qualität der Produkte verbes-
sern.

Nähere Informationen:
„Arbeitskreis
Ackerbau und Wasser
im Langeler Bogen
e. V. Zündorf",
Broicherhof,
Uckendorfstraße 14,
53859 Niederkassel.

Allgemeine Informationen

Stadt Köln, Bezirk 7 Porz buergeramt-porz@stadt-koeln.de
Friedrich-Ebert-Ufer 64-70 / 51143 Köln-Porz/Bürgeramt / Tel. 0221-221-973 30
Landkarte: Stadtbezirkskarte 7 (kostenlos)

Restaurants mit Außengastronomie

La Veranda
Kirchstraße 18 / 51143 Köln-Zündorf / Tel. 02203-48 57 91
italienische Pizzeria und Eiscafé

Bodega
Am Markt 8 / 51143 Köln-Zündorf / Tel. 02203-95 87 82
Spanisches von Steaks bis Tortillas

Nepomuk
Am Markt 8 / 51143 Köln-Zündorf / Tel. 02203-98 27 27

Brauhaus Zum Scheurer www.brauhaus-zum-scheurer.de
Kirchstraße 10 / 51143 Köln-Zündorf / Tel. 02203-860 20

Landhaus Zündorf
Am Markt 27 / 51143 Köln-Zündorf / Tel. 02203-812 03
Bayrisches wie Weißwürstchen und Kölsches wie „Himmel un Äd"
Öffnungszeiten: Terrasse Di-Sa 12-24 Uhr, So 10-24 Uhr, Mo Ruhetag

Groov-Terrassen
Am Markt 4 / 51143 Köln-Zündorf / Tel. 02203-855 44
Spezialitäten: Grillteller und Haustopf
Öffnungszeiten: tgl. 10-24 Uhr

Rheinblick
Friedrich-Ebert-Ufer 49 / 51143 Köln-Porz / Tel. 02203-59 15 07
Biergarten am Rheinufer mit schönem Blick auf das Weißer Rheinufer
Öffnungszeiten: tgl. 11.30-22 Uhr

Altes Fischerhaus
Weidenweg 46 / 51143 Köln-Poll / Tel. 0221-829 13 22
hundertjähriges Fischerhaus unterhalb der Autobahnbrücke
Öffnungszeiten: Biergarten Mo-Fr ab 14 Uhr, Sa/So ab 11 Uhr

Engelshof
Oberstraße 96 / 51143 Köln-Ensen / Tel. 02203-155 77
historisches Ambiente eines denkmalgeschützten Gutshofes, Frühstücksbuffet
Öffnungszeiten: Biergarten Mo-Sa 18-23 Uhr, So ab 10 Uhr

Zur Alten Schmiede
Lülsdorfer Straße 167 / 51143 Köln-Langel / Tel. 02203-98 05 80
mit Biergarten, Mo/Di Ruhetag

Zur Tant www.zurtant.de
Rheinbergstraße 49 / 51143 Köln-Langel / Tel. 02203-818 83
Wintergarten und Terrasse mit Rheinblick
regionale, französische und österreichische Küche, Verkauf von österreichischen
Spezialitäten / Do Ruhetag

Freizeitanlagen

Zündorfbad mit Freibad
Groov/Trankgasse / 51143 Köln-Zündorf / Tel. 02203-183 53-0
Öffnungszeiten: Freibad 15. Mai bis 15. September wie Hallenbad, aber bis 20 Uhr
Hallenbad Mo und Fr 6.30-21.30 Uhr, Di-Do 8-21.30 Uhr, Sa/So 9-20.30 Uhr

Wahnbad Gartenhallenbad
Albert-Schweitzer-Straße / 51147 Köln-Wahn / Tel. 02203-183 54-0
Öffnungszeiten: Di 6.30-16 Uhr, Mi 6.30-18 Uhr, Do 6.30-8 Uhr, Fr 6.30-20.30,
Sa 8-17 Uhr, So 8-16.30 Uhr

Internationale Minigolf-Sportanlage
Unterm Berg/Freizeitinsel Groov / 51143 Köln-Zündorf / Tel. 02203-84 32 9
Öffnungszeiten: April bis Oktober tgl. 10 Uhr bis Einbruch der Dunkelheit

Zündorfer Bootsverleih
Freizeitinsel Groov / Am Markt / Tel. 02203-855 44

Kulturelles

Museum Zündorfer Wehrturm www.zuendorfer-wehrturm.de
Hauptstraße 181 / 51143 Köln-Zündorf / Tel. 02203-575 76 09
Öffnungszeiten: Mi/Sa 15-18 Uhr, So 14-18 Uhr

Naturmuseum Haus des Waldes plum@cologneweb.com
Gut Leidenhausen / Hirschgrabenstraße / 51147 Köln-Eil
Tel. 02203-399 87 und 0179-498 24 38
Öffnungszeiten: nur an Sonn- und Feiertagen 1. April bis 31. Oktober 10-18 Uhr,
1. Oktober, Februar, März 10-17 Uhr, Führungen ganzjährig in der Woche nach
Terminabsprache

Greifvogelstation www.cologneweb.com/greifvogelstation
Gut Leidenhausen / Hirschgrabenstraße / 51147 Köln-Eil / Tel. und Fax 02203-399 87
Öffnungszeiten: wie Waldmuseum
Eintritt frei; Führungen in der Woche nach Terminabsprache

Obstmuseum
Gut Leidenhausen / Hirschgrabenstraße / 51147 Köln-Eil / Tel. 02203-399 87
Öffnungszeiten: wie Waldmuseum
Eintritt frei / Führungen in der Woche nach Terminabsprache

Theaterwissenschaftliche Sammlung Schloss Wahn www.schloss-wahn.de
Burgallee 2 / 51147 Köln-Wahn / Tel. 02203-600 92-0
Öffnungszeiten: Mo-Fr 10-16.30 Uhr, im August geschlossen / Eintritt frei

Beförderungshinweise

Rheinfähre zwischen Porz-Zündorf und Weiß www.faehre-koelnkrokodil.de
Anleger: An der Freizeitinsel Groov / Am Markt / Tel. 02236-683 34
Die Fährschiffe „Krokodil", „Krokolino" und „Frika" fahren vom 15. März bis 15. Oktober 11-19 Uhr, Sa/So 10-20 Uhr.

Kölntourist
Kölntourist / Tel. 0221-12 16 00
Ausflugsschiffe auf Anfrage, Anleger Leinpfad unterhalb des Rathauses

8. Niederkassel

Wo der Rhein sein Gebirgstal verlässt und in die Kölner Bucht eintritt, liegt auf rechtsrheinischem Gebiet die Stadt Niederkassel. Bis 1969 eine aus mehreren Gemeinden bestehende Bürgermeisterei, erhält sie 1981 die Stadtrechte.

Die nördlichste Stadt des Siegkreises erstreckt sich rund 12 km entlang des Stroms mit den alten Rheinanliegerorten Mondorf, Rheidt, Niederkassel, Ranzel und Lülsdorf. Dämme und Schutzmauern wurden gegen die alljährlichen Hochwasser errichtet. Im Hinterland dehnen sich große Ackerflächen mit fruchtbaren lehmigen und sandigen Böden aus, die durch die häufige Verlagerung des alten Rheinbetts im Diluvium entstanden.

Im Norden schneidet das Industriegebiet der Degussa Hüls AG den Ortsteil Ranzel vom Rhein ab. Im Süden breitet sich im Mündungsgebiet der Sieg eine weiträumige Auenlandschaft aus mit Resten alter Flussarme, einer schönen Hafenanlage, dem Mondorfer Eiländchen und mit der Siegfähre, einem Unikum: eine der wenigen noch existierenden Seilfähren in Deutschland.

Zum
Mondorfer
Jachthafen
▼

MIT EINER ETWAS ANDEREN FÄHRE ÜBER DIE SIEG
EIN AUSFLUG IN DIE MONDORFER SIEGAUE

ANFAHRT:
Mit dem Auto: Von Köln über die A 555 und A 565 in Richtung Siegburg. Nach Überqueren der Bonner Friedrich-Ebert-Autobahnbrücke die Abfahrt Beuel-Nord/Niederkassel nehmen. Nach links auf die Rheidter Straße (L 269) in Richtung Niederkassel bis Mondorf fahren. Nach links in die Provinzialstraße abbiegen, bis zum Fähranleger hinunterfahren und dort parken.

Die Schnellstraße L 269 durchschneidet auf einer hochgelegten Trasse das weite Mündungsgebiet der Sieg. Sie überquert den Fluss und führt ein Stück entlang der Altarme „Diescholl" und „Oberste Fahr", zwei Überbleibsel des alten Siegbettes. Denn es dauerte viele Tausend Jahre, bis der Rhein und die Sieg ihr endgültiges Bett gegraben hatten. Immer wieder traten die Flüsse über

▲
Am Seil zum anderen Ufer: Siegfähre

ihre Ufer und überschwemmten das umliegende Flachland. Dabei lagerten sie eine dicke Schicht von mitgeführtem Lehm ab, der heute einen für die landwirtschaftliche Bewirtschaftung äußerst fruchtbaren Ackerboden abgibt.

Die alten, übrig gebliebenen Flussarme schneiden wie Fjorde tief in die Siegaue. Sie reicht bis über die Stadtgrenzen von Bonn und zahlt heute zu den beliebtesten Naherholungsgebieten der einstigen Hauptstädter. Der lichte Auenwald mit seinen Weidenflächen und mit Wegen entlang der alten Wasserarme kann zu Fuß oder mit dem Fahrrad erkundet werden.

Drei Wasserarme enden am Rheinufer am Kempener Werth. Der nördliche, der Mondorfer Hafen, ist Liegeplatz zahlreicher Segeljachten und Motorboote; er gilt als einer der schönsten am Rhein. Wenn man von der nördlichen Seite des Beckens über die Hafenstraße das Kopfende umrundet, gelangt man entlang der gegenüber liegenden Seite zur Spitze des Mondorfer „Eiländchens".

Ein Grillplatz, ein Pilz und Ruhebänke laden zu einer Pause ein mit schönem Blick auf das Treiben an der Anlegestelle. Für viele ist die Siegfähre das Ausflugsziel. Dazu geht es vom Sporthafen aus weiter entlang

▲ Streckenziel vieler Radler:
Biergarten „Zur Siegfähre"

des alten Siegarmes „Diescholl", auf einer Brücke wird die L 269 überquert, und über den Nachtigallenweg und die Bergstraße gelangt man zur Siegfähre (ausgeschildert). Obwohl unmittelbar neben ihr die Schnellstraße mit Fahrradweg über die Sieg führt, lieben es viele Ausflügler, sich der anachronistischen Fährtechnik der seit dem 17. Jahrhundert existierenden so genannten Gierpont-Fähre anzuvertrauen.

Das geschieht durch eine höchst einfache Methode: Ein am Boot befestigtes Rad läuft über ein schräg zwischen den Ufern gespanntes Stahlseil. Das Boot wird nur durch die Kraft der Strömung zum anderen Ufer bewegt.

Für die meisten endet der Ausflug jedoch schon am diesseitigen Ufer: in dem idyllisch am Siegufer gelegenen Biergarten „Zur Siegfähre".

AM MONDORFER FÄHRANLEGER FLANIEREN WILDGÄNSE

Die Rheinfähre von Mondorf, die „Varss zu Mondorpp" ist schon sehr lange in Betrieb, sie wurde bereits im 15. Jahrhundert in Urkunden erwähnt. Über die Jahrhunderte wurde das Nutzungsrecht innerhalb der Familien weitervererbt.

Ähnlich wie bei der Weiß-Zündorfer Fähre war auch hier der Fahrradboom die Ursache, dass er nach einer Zeit der Einstellung des Fährbetriebs Anfang der 1990er Jahre wieder aufgenommen wurde.

Zwischen Hochwasserschutzmauer und Rheinufer unterhalb von Mondorf breiten sich Wiesenflächen aus mit Schatten spendenden Pappeln und Linden. Hochgelegen ist „Schlimmgens Biergarten" an der Provinzialstraße 8, von wo aus man das Treiben am Fähranleger und auf dem Wasser im Blick hat. Das imposante Gebäude aus dem Jahre 1905 mit der schönen Giebelwand weist eine Anzahl unterschiedlicher Stilformen des Historismus auf. Eine Reihe der Verzierungen sind dem Jugendstil verpflichtet. Ebenfalls mit einer schönen Terrasse zum Rhein liegt an der Fähranlegerstelle das italienische Restaurant „da pino".

Auch die kleinen Ausflügler kommen auf ihre Kosten: Im Wiesengelände liegt ein Spielplatz, und hinter der Ufermauer rechts des Anliegers

▶ In Mondorf längst heimisch: kanadische Wildgänse

versteckt sich ein kleiner Minigolfplatz, wo es auch leckeres italienisches Eis gibt.

Zwischen die Radfahrer und Spaziergänger mischt sich am Flussufer noch eine andere Truppe: Eine Anzahl Graugänse und Kanadische Wildgänse haben hier ihre Flaniermeile gefunden.

SCHUTZDÄMME GEGEN DEN RHEIN

Der Radfahrer, der das rechtsrheinische Ufer zwischen Porz-Langel und Niederkassel-Mondorf abfährt, wird überall vor Ort mit den Problemen des Rheinhochwassers konfrontiert. Er radelt vor den Rheinorten entlang massiver Schutzmauern oder vor den offenen Feldern auf hohen Schutzdämmen. Der Blick geht hinunter auf den Strom oder über die endlosen Äcker und in die Ferne auf die Berge des Siebengebirges.

Die Bewohner des Langeler Bogens haben allen Grund, sich vor den Hochwassern zu schützen. Der Bogen liegt ungewöhnlich tief; am Lülsdorfer Rheinufer beträgt der niedrigste Punkt gerade mal 43 m über NN. Zum Vergleich: Köln liegt 57 m über NN. Ihre Bemühungen seit dem Jahrhunderthochwasser 1926 haben die Rheinanlieger auf einer großen Metalltafel gegenüber dem Rheidter Werth dokumentiert: „Hochwasserschutzmauer Rheidt. Durch den Siegkreis 1926 erbaut. 1973 verstärkt und erhöht durch die Gemeinde Niederkassel im Einvernehmen mit dem Wasserwirtschaftsamt Bonn und mit Unterstützung des Landes NW und der BRD."

Sieben Fussfälle von Niederkassel bis Uckendorf

Anfahrt:
Mit dem Auto: Von Mondorf auf der L 269 bis Niederkassel. Im Ortskern biegt die Straße Spicherstraße nach rechts ab und führt nach Niederkassel-Uckendorf. Auf der linken Seite entlang des Radweges stehen sieben Steinpfeiler mit Reliefdarstellungen.

▶ In Stein gehauene „Fußfall"-Station

Die Zahl Sieben spielt eine besondere Rolle für die so genannten „Fußfall-Stationen" zwischen Niederkassel und Uckendorf. Sieben steinerne Pfeiler stehen dort im weiten Abstand voneinander am Feldrand entlang der Straße nach Uckendorf. Auf in Stein gehauenen sieben Reliefs wird der Leidensweg Christi dargestellt. Und auch sieben Stifter waren es, die 1719 die barocken Kunstwerke zwischen der Matthäuskirche in Niederkassel und dem Standort einer ehemaligen Kapelle in Uckendorf aufstellen ließen. Die Reliefdarstellungen waren in den zurückliegenden 300 Jahren arg verwittert, und man ließ sie deshalb 1987 von Grund auf restaurieren.

Es war früher ein weit verbreiteter Brauch, für Kranke, Verstorbene und in Not Geratene an den an vielen Orten aufgestellten sieben Stationen des Leidenswegs Christi zu beten. Da das demütige Niederknien auch als „Fußfall" bezeichnet wird, gab man den steinernen Bildtafeln die Bezeichnung „Fußfall"-Stationen.

Bei „Jenny und Jacky" haben Kinder „Spass satt"

Anfahrt:
Mit dem Auto: In Niederkassel von der Hauptstraße/L 269 nach rechts in die Spicherstraße einbiegen. Nach Überqueren der Bahnlinie ist die dritte Straße rechts der Gladiolenweg Nr. 100 mit dem Jenny- und Jacky-Kinderpark.

Auf einer 3000 m² großen Fläche bietet der Niederkasseler Kinderpark alles, um „Spaß satt" zu haben. Besondere Attraktionen sind der „große Hahn", der „wilde Bulle" und ein Kletterturm. Ein Tagesausflug am Kindergeburtstag zu „Jenny und Jacky", das wäre etwas, wovon die Kids noch lange schwärmen.

BURG LÜLSDORF WAR LANGE EIN KOSTENLOSER STEINBRUCH

ANFAHRT:
Mit dem Auto: Die L 269 von Niederkassel in Richtung Porz fahren. Hinter dem Werksgelände der Degussa AG nach links in die Berliner Straße einbiegen und nochmals nach links in die Burgstraße und bis zu einer Rechtskehre an einem kleinen Fachwerkhaus. Links liegt das Eingangsgatter zur Burg. Rechts kann man von einem privaten Gelände aus einen Blick auf die ehemalige Wasserburg werfen.

Lange Zeit war die aus dem 12. Jahrhundert stammende Wasserburg im Besitz bergischer Grafen und Herzöge gewesen. Seitdem sie 1702 im Spanischen Erbfolgekrieg völlig zerstört wurde, diente sie den Lülsdorfern als kostenloser Steinbruch. So mancher Basalt-, Bruch- oder Backstein der Burg fand beim Hausbau Verwendung.

Um 1900 gelangte die Burg oder das, was davon noch übrig war, in Privatbesitz. Aber erst 1949 entschloss man sich, sie auf den alten Fundamenten wieder zu errichten und sie als Wohnburg zu nutzen.

War sie ehemals von Wassergräben umgeben, so führt eine Holzbrücke heute weniger spektakulär über eine Wiese. Dafür bietet die neue Burg mehr Wohnkomfort als ehedem, wie das Panoramageschoss auf dem Turm mit seinem zwölfflächigen Pyramidendach andeutet.

DER HERZOG „POKERTE" UND VERLOR

Als der Herzog von Berg gegen Ende des 14. Jahrhunderts die Burg Lülsdorf erwarb, witterte er ein großes Geschäft. Er wollte jedes rheinabwärts fahrende Schiff mit dem herzoglich-bergischen Zoll belegen. Das königliche Privileg hatte er schon in der Tasche. Der Herzog hatte die Rechnung ohne die Kölner gemacht. Zur Wahrung ihrer Interessen schaltete die Stadt den Erzbischof ein. Der Schachzug führte zum Erfolg: Obwohl die Zollstätte bereits gebaut war, musste der Herzog sein Privileg wieder abtreten. Im Gegenzug erhielt er aber die Erlaubnis, den Zoll seines Düsseldorfer Rheinsolls zu erhöhen („Rheinschiene"-Tafel am Lülsdorfer Ufer).

EINE „KLEINE SCHWEINEREI" AUF DEM LÜLSDORFER MARKTPLATZ

ANFAHRT:
Mit dem Auto: Von der Burgstraße nach links in die Straße auf dem Pemel einbiegen und dann am Alten Turm nach rechts in die Rheinstraße bis zum Ludwigsplatz (Marktplatz) mit dem Schweinchenbrunnen.

Das sollten die Kinder gesehen haben: eine Schweine-Herde mitten im Ort. Eine Sau und eine Anzahl kleiner Ferkel haben es sich an einem Wassertrog bequem gemacht. Ihre Öhrchen, Füßchen und Ringelschwänzchen sind beweglich. Fasst sie einmal an und probiert es aus! Warum der Aachener Künstler Bonifatius Stirnberg für das Lülsdorfer Zentrum ausgerechnet einen Schweinebrunnen schuf, hat mit der Örtlichkeit zu tun. Genau an dieser Stelle war früher einmal der Weideplatz für Schweine eines Bauernhofs, hier suhlten sich die Sauen und ihre Ferkelchen im Dreck.

Bei dem Alten Turm an der Ecke Rheinstraße/Auf dem Pemel handelt es sich um den Turm der ursprünglichen, mittelalterlichen St. Jakobuskirche. Nach einem Brand und der Renovierung finden heute auf fünf Etagen wechselnde Kunstausstellungen statt.

▲
Dem Schweinchen am Ringelschwänzchen ziehen

Im Alten Turm wird Kunst gezeigt

Allgemeine Informationen
Stadt Niederkassel www.niederkassel.de / rathaus@niederkassel.de
Rathaus / Rathausstraße 19 / 53859 Niederkassel / Tel. 02208-94 66-176 und -180
Landkarte: Stadt Niederkassel (kostenlos)

Restaurants mit Außengastronomie
Schlimmgens Biergarten
Provinzialstraße 8 / 53859 Niederkassel-Mondorf / Tel. 0228-45 31 26
traditionelles Gebäude aus dem Jahre 1905 mit großem Biergarten zum Rhein
Öffnungszeiten: Biergarten März bis Oktober 15-23 Uhr

da pino
Rheinallee 2 / 53859 Niederkassel-Mondorf / Tel. 0228-945 47 40
italienisches Restaurant mit Sonnenterrasse am Fähranleger

Zum Anker www.zumanker.de
Rheinallee / 53859 Niederkassel-Mondorf / Tel. 0228-45 31 33
Wintergarten zum Rhein

Bootshaus
Im Auel 17 / 53859 Niederkassel-Rheidt / Tel. 02208-61 74
Die Gaststätte liegt hinter dem Rheindamm.

Hotel Clostermanns Hof www.clostermannshof.de
Heerstraße / 53859 Niederkassel-Uckendorf / Tel. 02208-94 80-0
Restaurants „Alte Präsenz" und „Klosterstube", Biergarten im Innenhof,
Golfanlage

Da Ciro
Hauptstraße 78 / 53859 Niederkassel / Tel. 02208-91 19 04
italienisches Restaurant und Pizzeria mit Sonnenterrasse

Eiscafés
Café am Rathaus
Rathausplatz 5-7 / 53859 Niederkassel / Tel. 02208-10 42

Eiscafé La Luna
Rheinstraße 6 / 53859 Niederkassel-Lülsdorf / Tel. 023308-715 00

Eiscafé La Fortuna
Oberstraße 30 / Niederkassel-Rheidt / Tel. 02208-719 33

Freizeitanlagen
Minigolfplatz
Rheinallee, am Fähranleger / 53859 Niederkassel-Mondorf
Öffnungszeiten: März bis Oktober 13-21 Uhr

Jenny- und Jacky-Kinderpark www.jenny-jacky.de kinderpark@web.de
Gladiolenweg 100 / 53859 Niederkassel / Tel. 02208-40 27
Öffnungszeiten: Mo-Fr 14-19 Uhr, Sa/So und in den Ferien 11-19 Uhr, Sommerferien
13-19 Uhr
Eintritt: Tageskarte für Kinder 6,50 Euro, für Erwachsene 4,50 Euro, Gruppenermäßigungen. Geburtstagskinder haben freien Eintritt

Golf-Club Clostermanns Hof info@golfclubclostermannshof.de
Heerstraße / 53859 Niederkassel / Tel. 02208-506 79-0
Die Anlage verfügt über einen 18-Golfplatz, einen 5-Loch-Kurzplatz und eine
Driving-Range.
Öffnungszeiten: ganzjährig tgl. 9-18 Uhr
Eintritt: Nicht-Clubmitglieder können ohne Voranmeldung spielen, Zubehör kann
ausgeliehen werden / Gebühren-Info: Tel. 02208-50 03 00

Helmut-Loos-Bad
Berliner Straße 33 / 53859 Niederkassel-Lülsdorf / Tel. 02208-60 50
Wintergarten und Liegewiese
Öffnungszeiten: Mo 6.30-8 Uhr, 15-20 Uhr, Di 14-21 Uhr, Mi 14-22 Uhr, Do 6.30-8 Uhr,
Fr 9-21 Uhr, Sa 8-15 Uhr, So 9-14 Uhr
Eintritt: Erwachsene 2,50 Euro, Kinder/Jugendliche 6-17 Jahre 2,- Euro,
Kinder bis 5 Jahre Eintritt frei

Einkaufstipps
Bauernhofladen Klostergut Stockem himmel-und-erde@t-online
Uckendorfer Straße 11 / 53859 Niederkassel-Stockem / Tel. 02208-91 94 80
Verkauf: Frisches „quer Beet"
Öffnungszeiten: Mo-Fr 9-18.30 Uhr, Sa 9-13 Uhr

Kulturelles
Städtische Galerie Alter Turm www.niederkassel.de/kultur/galerie.htm
Ecke Rheinstraße/Auf dem Premel / 53859 Niederkassel-Lülsdorf
Tel. 02208-946 61 80
Öffnungszeiten: anlässlich von Kunstausstellungen Sa 14-18 Uhr, So 10-18 Uhr

Ägidiusturm
Porzer Straße / 53859 Niederkassel-Ranzel / Informationen unter Tel. 02208-711 30
Innenbesichtigung nach tel. Absprache

Beförderungshinweise
Rheinfähre zwischen Niederkassel-Lülsdorf und Wesseling
Anleger: Uferpromenade, Tel. 0171-266 38 35
Das Schiff „Marienfels" fährt von April bis September Mo-Fr 6-19.10 Uhr,
Sa 8.30-15.10 Uhr, So 9.40-19.10 Uhr; von Oktober bis März 6-18.40 Uhr,
Sa herrscht kein Fährbetrieb.

Rheinfähre zwischen Niederkassel-Mondorf und Graurheindorf
Anleger: Rheinallee/Provinzialstraße / 53859 Niederkassel-Mondorf
Tel. 0171-770 66 49
Die Autofähre „Mondorf" fährt vom 1. April bis 30. September Mo-Fr 6.30-20 Uhr,
Sa/So 9-20 Uhr. Vom 1. Oktober bis 30. März Mo-Fr 6.30-19 Uhr, Sa/So 10-17 Uhr

Fahrradtouren
entlang des Rheins

▶ Der Leinpfad am Herseler Werth, im Hintergrund das Siebengebirge

Die beschriebenen Touren sind einfach zu bewältigen, da sie zum größten Teil über den asphaltierten Leinpfad dicht entlang des Rheins führen. Sie sind auch von Kindern, mit Kinderanhängern und von Skatern leicht zu schaffen. In Ausnahmefällen muss auf Straßen mit mittlerem Verkehrsaufkommen ausgewichen werden. Der Leinpfad dient streckenweise als Rad- und Gehweg. Vor allem in Höhe von Ortschaften muss der Fußgänger wegen entsprechend langsam und umsichtig gefahren werden.

Sie können linksrheinisch starten und rechtsrheinisch zurückfahren oder umgekehrt. Personen-/Radfähren und Brücken ermöglichen das Wechseln des Ufers. Je nach veranschlagter Zeit und persönlicher Kondition können Sie drei unterschiedlich lange Routen wählen. Einsteigen können Sie an jedem Punkt der Strecke, der Ihnen passt, egal in welche Richtung Sie dann fahren.

Die Routen-Informationen umfassen: Streckenverlauf, Sehenswürdigkeiten, Einkehrmöglichkeiten und Freizeiteinrichtungen.

ERLEBNISWEG RHEINSCHIENE

Sie werden auf der beschriebenen Strecke auf Schilder mit dem Routen-Logo „Erlebnisweg Rheinschiene" stoßen. Sie können sich an diesem Zeichen mit orientieren, da es eine Radwanderung entlang des Rheins von Duisburg bis Bad Honnef begleitet.

Die Initiatoren stellten an besonderen Plätzen Informationstafeln auf. Man erkennt sie an einer gekrümmten blauen Schiene mit gelber Strom-Kilometer-Zahl. Die linke Tafel enthält eine Routenkarte und Hinweise zu Strecke und Standort. Die rechte Tafel vermittelt Wissenswertes über die Besonderheiten der Flusslandschaft.

Tour 1:
ALT-RODENKIRCHEN MIT DER „RIVIERA", WEISSER RHEINBOGEN, FÄHRE, FREIZEITINSEL ZÜNDORFER GROOV, PORZER UFER, ZURÜCK ÜBER DIE AUTOBAHNBRÜCKE

Wir parken unter der Autobahnbrücke an der Rodenkirchener Hauptstraße, überqueren die stark befahrene Straße auf dem Überweg unter der Brücke und benutzen den letzten Treppenabgang gegenüber der „Alten Liebe", um zum Leinpfad zu gelangen. Wer es bequemer haben will, fährt ein kleines Stück in Richtung Köln, hinter der nächsten Ampel führt ein Radweg zum Rodenkirchener Leinpfad hinab. Die Rodenkirchener Bootshäuser, Biergärten und Rheinterrassen sind sehr beliebte Ziele und Rastpunkte von Radfahrern und Skatern.

Der Leinpfad weist hier keine Fahrradmarkierung auf, und es ist allerhöchste Vorsicht geboten, denn vor allem des Sonntags sind zahlreiche Fußgänger unterwegs. Vorbei am „Kapellchen", „Treppchen" und „Fährhaus" gelangen wir an die Stelle, wo der Leinpfad und die Uferstraße sich treffen, parallel verlaufen und große Wiesenflächen und Sandbuchten sich ausbreiten. Hier sind Rad- und Fußweg getrennt, obwohl sich wenige daran halten. Zur heißen Jahreszeit ist die so genannten „Rodenkirchener Riviera" von Sonnenhungrigen bevölkert. Etwa 500 m südlich eines Hochhauskomplexes am Rhein macht der Radweg einen Rechtsknick und verlässt für eine

▶ Info-Tafel der „Rheinschiene"-Aktion

Strecke das Rheinufer, weil die Freizeitanlagen verschiedener Kölner Wassersport-Clubs und Kölns größter Campingplatz zwischen Fluss und Radweg liegen.

Wir kommen an einem Minigolfplatz vorbei und dahinter taucht der Radweg in den schattigen Pappelwald des Weißer Rheinbogens ein. Bei wieder getrenntem Fuß-/Radweg lässt es sich etwas kräftiger in die Pedale treten.

Am flachen Ufer findet man genügend Rastplätze. Vor Weiß lichtet sich der Wald und macht Äckern und Wiesen Platz, auf denen Pferde und Kühe weiden. Der Rhein gewährt hier besonders reizvolle Weitblicke zum anderen Ufer. Der Radweg verengt sich zu einem kombinierten Rad-/Fußweg und führt nun sehr dicht am Wasser entlang. Nach einer Biegung zeigt eine Ansammlung am Ufer vertäuter Schiffe an, dass die „Weißer Fähre" erreicht ist. Je nach Wetterlage und Wochentag fährt das kleinere Fährschiff „Krokodil" oder die größeren „Krokolino" und „Frika". Wir setzen hier zum anderen Ufer über oder fahren weiter wie Tour 2.

Rückfahrt:

An schönen Sonntagnachmittagen muss man sich zur Überfahrt schon einmal an das Ende einer langen Warteschlange stellen. Am anderen Ufer in der „Zündorfer Groov" erwarten uns sowohl reichlich Einkehrmöglichkeiten als auch viele Spielangebote für die Kinder. Es lohnt, eine Rast einzulegen.

Richtung Köln fahren wir zunächst unterhalb der Hochwassermauer von Porz dicht entlang des Rheins mit fantastischen Weitblicken über den Strom. Am Scheitelpunkt des Rheinbogens befinden wir uns in Höhe des Porzer Zentrums. Es lohnt ein Stopp an der schönen Rheinpromenade mit ihren zahlreichen Ruhebänken und einem Garten-Restaurant, das be-

zeichnenderweise „Rhein-
blick" heißt. Studieren Sie
einmal die hier bei Rhein-
Kilometer 678 aufgestellte
„Rheinschiene"-Tafel: Sie
berichtet unter der Über-
schrift „da schwimmt ein
ganzes Dorf ..." über das
ungewöhnliche Leben der
Flößer. Von oben grüßt der
Uhrturm des Porzer Rat-
hauses herab.

▶ Logo des „Rheinschiene"-Radwanderwegs

Nach Passieren der Por-
zer Ortsteile Ensen und
Westhoven, durchfahren wir
das ehemalige belgische
Kasernengelände. Rechter-
hand breitet sich eine weit-
flächige Wiesenlandschaft
der Westhovener Aue aus. Nach einem Campingplatz mit Café gelangen
wir an den Fuß des Brückenpfeilers der Autobahnbrücke. Wir fahren auf
dem Weidenweg unter der Brücke hindurch. Ein kleines Stück weiter liegt
der Biergarten des „Poller Fischerhauses" direkt am Radweg. Vorher biegen wir scharf nach rechts in einen anderen Radweg ab, der zunächst
parallel zur Autobahn und dann im Bogen auf den Radweg der Brü-
ckennordseite hochführt. Nach Überqueren der Brücke mit schönen
Weitblicken Richtung Köln führt der Weg über eine gut zu befahrende
Brückenrampe hinab zum Ausgangspunkt Parkplatz.

Tour 2:
VOM FÄHRANLEGER ZUM ALTEN WEISS, SÜRTHER RHEINFRONT MIT SPIELWIESE, WESSELINGER RHEINPARK, FÄHRE NACH LÜLSDORF, PFERDEORT LANGEL, ZÜNDORFER GROOV UND WEITER WIE TOUR 1

Wir fahren von der Anlegestelle der Weißer Fähre weiter über den Leinpfad. Die Uferböschung ist zunächst steil, und die Bebauung reicht bis an
die Schutzmauer. Wir erreichen die Stelle von Weiß, wo der hl. Nepomuk
auf hoher Mauer thront. Hier können wir den Leinpfad kurz verlassen, und
das Fahrrad einen schrägen Pfad hochschieben. Oben können wir uns die
kleine, schön ausgemalte St. Georgskapelle und die alten Fischerhäus-

chen von Weiß anschauen.

Die Tour geht weiter dicht entlang des Flusses, vor uns haben wir die Silhouette Sürths: den umgebauten ehemalige Getreidesilo der Auermühle, die ehemalige Linde-Verwaltung und den Kirchturm von St. Remigius. Wen es nach leiblichen Genüssen gelüstet, der kann sich in Sürth auf der Sonnenterrasse des „Biagini" über dem Rhein oder auf der schwimmenden Terrasse des „Sürther Bootshauses" niederlassen.

Hinter einer Panzerrampe beginnt ein großes Wiesenglände mit Kinderspielplatz, Picknick- und Sportmöglichkeiten. Hier setzt auch wieder die Pappelbepflanzung ein, und Rad- und Fußweg verlaufen getrennt. Hinter dem Wiesengelände biegt ein Weg ab und führt in das Zentrum des alten Sürth mit einem Biergarten im mittelalterlichen Falderhof.

Der Leinpfad durchquert eine Auenlandschaft, ein Biotop, der vielleicht einmal gegen den Protest der Anwohner zum Ausbau des Godorfer Hafens herhalten muss. Unvermittelt endet der Radweg vor dem Hafenbecken und der Skyline der Wesselinger Petrolchemie-Industrie. Hier beginnt eine weniger schöne, aber unum„gäng"-liche Umfahrung von Hafen- und Industrieanlagen. Wir folgen zunächst dem Weg nach rechts, überqueren eine Eisenbahnbahnbrücke, fahren etwa 100 m in die „verkehrte Richtung" und gelangen auf die verkehrsreiche B 9.

Nach Straßenüberquerung geht es auf dem Radweg nach links weiter. Er führt an der nächsten Ampel auf die linke Straßenseite. Wir durchfahren auf bald ansteigender Straße das Wesselinger Industriegelände. An einer Straßeneinmündung geht die als Radweg ausgeschilderte Route

▶ Rast vor der Ortsumfahrung Wesselings

▶ Mit Tandem-Rad vor Tandem-Brücke

nach links hinunter über Straßen ohne Radweg im alten Ortskern von Wesseling. An einer mit „Radweg" gekennzeichneten Stelle führt eine kurze Straße hinab zum Rheinufer und Rheinpark, wo sich auch die Anlegestelle der kleinen Fähre „Rheinfels" befindet. Wir setzen über den Rhein oder fahren weiter wie Tour 3.

Achtung:

Von Januar 2007 bis Oktober 2008 ist der Leinpfad ab Fähranleger (Weiß) bis Mühlengasse (Sürth) wegen Arbeiten an der Hochwasserschutzmauer komplett gesperrt. Ausgeschilderte Umleitung über die Straßen „Auf der Ruhr" und „Sürther Hauptstraße".

Rückfahrt:

Die Fähre legt im südlichen Bereich der Lülsdorfer Uferstraße vor der Einmündung der Rheinstraße an. Statten Sie, bevor Sie zurückfahren, dem kuriosen „Schweinchenbrunnen" einen Besuch ab. Er liegt auf einem Platz an der rechten Seite der Rheinstraße.

Zurück zur Uferstraße geht die Route ein Stück durch den Ort und führt vorbei am Scheppenhof über den Hochwasserschutzdamm mit weitem Blick über die Agrarkulturen des Langeler Bogens.

Wir passieren einen Campingplatz und gelangen am Ufer von Langel hinunter an einen lang gestreckten Teich, an dem wir rechts entlang fahren.

Weiter geht es über den Rheindamm bis nach Porz-Zündorf, dann wie Rückfahrt Tour 1.

▶ Mit der „Mondorf" hinüber zum rechtsrheinischen Mondorf

Tour 3:
ÜBER WIDDIG, UEDORF VORBEI AM HERSELER WERTH, MIT AUTO-FÄHRE NACH MONDORF, VON HIER EXKURS ZUR SIEGAUE, RHEIDTER WERTH, ÜBER DEN HOCHWASSERSCHUTZDAMM BIS LÜLSDORF UND WEITER WIE TOUR 2

Von Wesseling führt der Radweg noch ein Stück durch den Rheinpark und weiter dicht entlang des Rheins. In Urfeld können wir auf der Terrasse des „Weissbarth am Rhein" eine Pause einlegen. Oder wir fahren noch bis Widdig und genießen den einmaligen Blick über den Rhein und auf das Siebengebirge von den „Rheinterrassen" aus. Ein wenig später radeln wir dicht an der schmalen Rheininsel Herseler Werth entlang, die einen natürlichen Hafen für zahlreiche Motorboote und Jachten bildet. Am Ende der Insel sehen wir rechter Hand einen Unterstand des Herseler Fischerei-Vereins, auf Bildtafeln ist dort alles Wissenswerte über die Rheinfische zusammengetragen. An der Grenze zu Graurheindorf schräg gegenüber der Siegmündung gelangen wir zum Anleger der Autofähre nach Niederkassel-Mondorf, wo wir übersetzen.

Rückfahrt:
Von Mondorf können wir einen Abstecher zum Mondorfer Hafen, in die Siegaue und zur Gierpont-Siegfähre machen (beschrieben auf S. 135ff.)

An dem großen Platz vor dem Anleger liegen der schöne historische „Schlimmgens Biergarten" und ein italienisches Terrassenlokal. Den Kindern ist mit einem Minigolfplatz und einer großen Spielwiese gedient.

Wir fahren zurück über den Radweg auf dem Damm in Richtung Rheidt, passieren die Schiffswerft Lux und erreichen die Halbinsel des Rheidter Werths mit Sport-, Spiel- und Picknickplätzen. Zu erreichen sind diese vom Radweg aus über eine Brücke des Rheidter Laachs. Weiter geht die Tour über den Damm nach Niederkassel.

Eingangs liegt ein großer Kinderspielplatz. In Höhe des Zentrums weist uns ein Hinweisschild zum Eiscafé „Mediterranee", wo es sehr leckeres italienisches Eis gibt. Wir nähern uns dem Industriegebiet der Degussa, das ähnlich wie in Wesseling umfahren werden muss. An dem Hinweis „Köln", in weißer Farbe auf den Asphalt gemalt, schieben wir das Rad eine steile Treppe hoch. Wir fahren über die kurze Gasse, wenden uns nach links bis zu einem kleinen Platz und fahren von dort über den Weg bis zur Waldstraße. Hier halten wir uns links und gelangen auf die Feldmühlerstraße mit Radweg, die entlang des Werkgeländes der Degussa führt. An der Kreuzung biegen wir nach links in die Berliner Straße ein, der Radweg verläuft jetzt rechts. An der nächsten großen Kreuzung biegen wir nach links auf die Burgstraße ab, die an der Lülsdorfer Burg vorbeiführt und in die Uferstraße übergeht; weiter wie Rückfahrt Tour 2 und 1.

 Achtung! „Vierzehn-Füßler" kreuzt!

Glossar

Amerikanischer Kolonialstil (18. Jahrhundert)
In Nordamerika nach Gründung der USA ausgebildeter Stil nach Vorbild von Renaissance und Klassizismus.

Bauhaus (1919–1932)
Von dem Architekten Walter Gropius 1919 in Weimar gegründet und vom NS-Regime 1933 aufgelöst. Die Grundidee besteht in der Wiederherstellung der Einheit von Kunst und Handwerk unter der Führung der Architektur. Die klare, schmucklose Formensprache soll der reinen Zweckmäßigkeit dienen, die Funktion Form und Materialbeschaffenheit bestimmen. Typische Elemente der Baukörper sind der Kubus mit Flachdach und das Prinzip des Rasters mit vorgefertigten Bauteilen. Das „Neue Bauen" wird nach dem Zweiten Weltkrieg Grundlage moderner Architektur und des Industriedesigns. Ein Beispiel im Kölner Süden ist das Bauhaus-Villenensemble in Köln-Rodenkirchen.

Barockbauten
Meist eine wasserumwehrte Anlage; aber die Wassergräben dienen nicht mehr als Schutz, sondern gelten als ein Mittel der Repräsentation. Zentrum innerhalb der umgebenden Parklandschaft ist das Herrenhaus, das maison de plaisance, auf das schnurgerade Alleen als Blickachsen zugeführt werden. S. auch Französischer Garten.

Burgen- und Schlösserromantik
In der zweiten Hälfte des 19. Jahrhunderts galt es als vornehm, mittelalterliche Burgen-Architektur in Wohnhäuser umzuformen.

Englischer Garten
Künstlich angelegter, gepflegter Landschaftspark, der der Natur weitgehend entspricht. Man nutzt dabei das natürliche Gelände wie vorhandene Talsenken, Hügel, Teiche und Wasserläufe. Künstlich eingefügte Ruinen, Tempel, Pavillons und Plastiken sollen eine gefühlsbetonte Stimmung erzeugen.

Ehrenhof (Cour d'honneur)
Von Nebengebäuden begrenzter Hof eines barocken Schlosses.

Französischer Garten
Vorbild ist die römische Gartenanlage. In der feudalistischen Zeit des Barocks des 17. und 18. Jahrhunderts herrscht die Vorstellung, dass sich auch die Natur unterzuordnen habe. Der Park der barocken Bauten ist geometrisch und mit rechteckigen Garteninseln angelegt. Selbst die Hecken und Bäume müs-

sen sich einen geometrischen Schnitt gefallen lassen. Belebt wird der kunstvolle „Lustgarten" mit Seen, Wasserkaskaden und -kanälen, Fontänen, Plastiken und Pavillons. Er bildet so einen fantasievollen Erlebnisraum im Freien.

Gründerzeit (1870–1890/1920)

Der Begriff leitet sich her von den florierenden Firmengründungen während des aufkommenden Industriekapitalismus Mitte des 19. Jahrhunderts. Die „neuen Reichen" lassen sich im historisierenden Stil prunkvoll-protzige, pompöse Bankgebäude, Geschäftshäuser und Privatvillen errichten.

Historismus (1830–1900)

Kennzeichnend für den Historismus ist, dass die Formen der historischen Kunststile (Romanik, Gotik, italienische Renaissance, Barock/Rokoko und Klassizismus) beliebig übernommen oder abgewandelt werden. Der nachgeahmte alte Stil erhält lediglich die Vorsilbe „Neu-„ bzw. „Neo-„ (Neugotik bzw. Neogotik). Man unterscheidet zwischen einer Architektur, die sich nur eines historischen Stils bedient und einer, die verschiedene Baustile vereint. Sie sucht sich das jeweils Passende aus (eklektizistische Mischung). Dabei können die Architekten auf ein Baukastensystem zurückgreifen, in dem die Bauformen der früheren Stile katalogmässig erfasst sind. Hintergrund für die wegen ihrer Künstlichkeit kritisierten Stilepoche liegt in dem stark vorhandenen Bedürfnis des Bürgertums nach eigener nationaler Identität nach einer langen Zeit der französischen Überfremdung. Das drückt sich vor allem durch den Rückgriff auf das als besonders „deutsch" empfundene späte Mittelalter aus.
Bei aller Kritik am Historismus darf nicht übersehen werden, dass große Kathedralen des Mittelalters wie der halbfertige Torso des gotischen Kölner Doms Mitte des 19. Jahrhunderts fertig gestellt wurden.

Jugendstil (1890–1914/19)

Der kurzlebige Jugendstil versucht, mit einem neuen, eigenen Formenrepertoire die Dominanz des kritisierten Historismus zu brechen. Mit Ausnahme der sakralen Kunst erfasst er alle künstlerischen Bereiche, hauptsächlich jedoch die angewandte Kunst.
Eine besondere Rolle spielen wellenförmig schwingende, fließende Linien, die Fläche, eine asymmetrische Ornamentik, Pflanzenformen und geometrische Muster. In der Architektur sucht man eine Verschmelzung von konstruktiv und schmückend, tektonisch und dekorativ, wobei auf die Materialgerechtigkeit von Glas und Eisen viel Wert gelegt wird. In Deutschland wird er nach der in München erscheinenden Zeitschrift „Jugend" benannt. In Frankreich heißt er Art Nouveau, in England Modern Style und in Österreich Sezessionsstil.

Klassizismus (1750/70–1830/40)

Gegenreaktion des Bürgertums auf die überschwängliche Formensprache des Barock/Rokoko. Vorbild sind griechische und römische Bauwerke, die man zu dieser Zeit entdeckte. Von dem antiken Tempel übernimmt man dessen einfache, klare, streng gegliederte und symmetrisch angeordnete Grundformen. Wiederkehrende Elemente der großflächigen, monumentalen Gestaltung sind Kubus, Dreiecksgiebel, Säule, Säulenvorbau (Portikus) und Relief. Als Material wird kühler, weißer, glatter Marmor bevorzugt. Ein schönes Beispiel klassizistischer Baukunst ist die St. Remigius-Kirche in Köln-Sürth.

Marstall

Der Pferdestall eines Schlosses ist ein wichtiger und dominanter Teil einer Schlossanlage.

Neues Bauen s. Bauhaus

Neuromanik, Neugotik, Neurenaissance, Neubarock/-rokoko, Neuklassizismus
s. Historismus

Säkularisation (1802)

Verstaatlichung kirchlichen Eigentums. Seit 1801 gehört das Rheinland völkerrechtlich zu Frankreich. Napoleon ordnet an, dass alle kirchlichen Güter in den neu geschaffenen Departements eingezogen („supprimiert") werden. Das „hillije Cölln" ist davon besonders betroffen, gehören doch fast 48% der Fläche innerhalb der Stadtmauern den kirchlichen Institutionen. Auch „Immobilien" der Kölner Klöster, wie die Gutshöfe im Kölner Süden, werden säkularisiert. Bankiers, Unternehmer und wohlhabende Bürger erstehen die kirchlichen Güter zu günstigen Preisen.

Sach- und Ortsregister

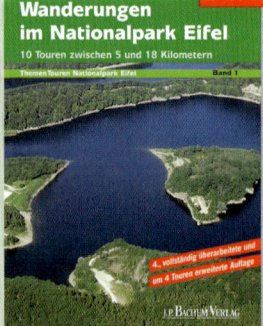